U0366275

高等教育城市与房地产管理系列教材

住宅与房地产概论

刘亚臣　王　静　编著

中国建筑工业出版社

图书在版编目(CIP)数据

住宅与房地产概论/刘亚臣,王静编著. —北京:中国建筑
工业出版社,2013.7
(高等教育城市与房地产管理系列教材)
ISBN 978-7-112-15511-8

Ⅰ.①住… Ⅱ.①刘… ②王… Ⅲ.①住宅-房地产业-高等
学校-教材 Ⅳ.①F293.3

中国版本图书馆 CIP 数据核字(2013)第 125357 号

本书以住宅为载体,按照房地产开发运作各个阶段的先后次序分章叙
述。内容包括住宅与房地产业、市场分析、投资分析、前期工作、建设管
理、交易管理、产权属登记和税收管理等。本书在每章的课后都安排了现
实意义很强的思考题和实训题,旨在让读者学习理论知识的同时,启发读
者对房地产行业的未来发展方向加以分析,同时内容浅显易懂,实用性强。

本书可作为普通高等院校管理类本科生教材及其他专业选修教材;还
可作为基层房地产开发及管理人员研修学习用书。

责任编辑:姚荣华　胡明安
责任设计:董建平
责任校对:刘　钰　陈晶晶

高等教育城市与房地产管理系列教材
住宅与房地产概论
刘亚臣　王　静　编著

＊

中国建筑工业出版社出版、发行(北京西郊百万庄)
各地新华书店、建筑书店经销
北京科地亚盟排版公司制版
北京市安泰印刷厂印刷

＊

开本:787×1092毫米　1/16　印张:9½　字数:240千字
2013年8月第一版　2018年9月第三次印刷
定价:**25.00**元
ISBN 978-7-112-15511-8
(24059)

高等教育城市与房地产管理系列教材

编写委员会

主任委员：刘亚臣

委　　员（按姓氏笔画为序）：

于　瑾　王　军　王　静　包红霏　毕天平

刘亚臣　汤铭潭　李丽红　战　松　薛　立

编审委员会

主 任 委 员：王　军

副主任委员：韩　毅（辽宁大学）

汤铭潭

李忠富（大连理工大学）

委　　员（按姓氏笔画为序）：

于　瑾　马延玉　王　军（东北财经大学）　王立国

刘亚臣　刘志虹　汤铭潭　李忠富（大连理工大学）

陈起俊（山东建筑大学）　周静海　韩　毅

系列教材序

沈阳建筑大学是我国最早独立设置房地产开发与管理（房地产经营与管理、房地产经营管理）本科专业的高等院校之一。早在 1993 年沈阳建筑大学管理学院就与大连理工大学出版社共同策划出版了《房地产开发与管理系列教材》。

随着我国房地产业发展，以及学校相关教学理论研究与实践的不断深入，至 2013 年这套精品教材已经 6 版，已成为我国高校中颇具影响力的房地产经营管理系列经典教材，并于 2013 年整体列入辽宁省"十二五"首批规划教材。

教材与时俱进和不断创新是学校学科发展的重要基础。这次沈阳建筑大学又与中国建筑工业出版社共同策划了本套《高等教育房地产与城市管理系列教材》，使这一领域教材进一步创新与完善。

教材，是高等教育的重要资源，在高等专业教育、人才培养等各个方面都有着举足轻重的地位和作用。目前，在教材建设中同质化、空洞化和陈旧化现象非常严重，对于有些直接面向社会生产实际的应用人才培养的高等学校和专业来说更缺乏合适的教材，为不同层次的专业和不同类型的高校提供适合优质的教材一直是我们多年追求的目标，正是基于以上的思考和认识，本着面向应用、把握核心、力求优质、适度创新的思想原则，本套教材力求体现以下特点：

1. 突出基础性。系列教材以城镇化为大背景，以城市管理和城市房地产开发与管理专业基础知识为基础，精选专业基础课和专业课，既着眼于关键知识点、基本方法和基本技能，又照顾知识结构体系的系统。

2. 突出实用性。系列教材的每本书除介绍大量案例外，并在每章的课后都安排了现实性很强的思考题和实训题，旨在让读者学习理论知识的同时，启发读者对房地产以及城市管理的若干热点问题和未来发展方向加以分析，提高学生认识现实问题、解决实际问题的能力。

3. 突出普适性。系列教材很多知识点及其阐述方式都源于实践或实际需要。并以基础性和核心性为出发点，尽力增加教材在应用上的普遍性和广泛适用性。教材编者在多年从事房地产和城市管理类专业教学和专业实践指导的基础上，力求内容深入浅出、图文并茂，适合作为普通高等院校管理类本科生教材及其他专业选修教材；还可作为基层房地产开发及管理人员研修学习用书。

本套系列教材一共有九本，它们是《住宅与房地产概论》、《房地产配套设施工程》、《城市管理概论》、《工程项目咨询》、《城市信息化管理》、《高层住区物业管理与服务》、《社区发展与管理》、《市政工程统筹规划与管理》和《生态地产》。

本套系列教材在编写过程中参考了大量的文献资料，借鉴和吸收了国内外众多学者的研究成果，对他们的辛勤工作深表谢意。由于编写时间仓促，编者水平有限，错漏之处在所难免，恳请广大读者批评指正。

刘亚臣

前　言

　　房地产作为一种稀缺性的资源，在社会与经济发展、城市建设与人居环境的改善等各个方面都有着举足轻重的地位和作用。而房地产商品中的一种——住宅，是房地产市场的重要组成部分，是房地产市场最为活跃的交易对象，住宅的供求状况直接影响我国房地产市场的变化。

　　既把握房地产的大势和框架，又以住宅为切入点和抓手，概述地探讨我国房地产和住宅产业的全貌及产业过程和特点，是我们一直的一个追求，也是本概论课的一个主要性质和目的。一个不断改革和发展的市场，总有些最基本的东西、最平台的框架、最核心的基础是不变的、普及的和被继承的！

　　基于以上考虑，本着既把握现状又求实创新的思想原则，我们编写了本教材。编写中力求体现以下特点：

　　1. 突出系统性，本教材以住宅为载体，按照房地产开发运作各个阶段的先后次序分章叙述，包括市场分析、投资决策、前期工作、建设管理、交易管理、产权登记和税收管理等。通过系统学习，读者可掌握房地产行业的基本理论及房地产开发经营各个环节的基本方法和基本技能，完善房地产方面的知识结构体系，增强房地产行业各岗位的操作能力。因此，本教材对于普及房地产行业基础知识和房地产开发流程管理的基本方法和操作技能是十分有帮助的。

　　2. 突出时效性，本教材的编写是基于我国最新制定的住房、土地、金融等政策基础之上，如新颁布的"国十条"、"国有土地上城市房屋征收与补偿条例"以及对营业税、所得税的最新规定等，力图最大限度地反映我国当前房地产市场中的基本政策与技能要求，并将符合科学发展观的经营理念贯穿全书始终。

　　3. 突出前瞻性，本教材在每章的课后都安排了现实性很强的思考题和实训题，旨在让读者学习理论知识的同时，启发读者对房地产行业的未来发展方向加以分析，如"夹心层"群体住房问题如何解决？小产权房将何去何从？房产税能否让楼市"长治久安"等。

　　4. 突出适用性，本教材很多知识点及其阐述方式都源于实践或实际需要。沈阳建筑大学管理学院工程管理、房地产开发与管理专业设置了十多年"三明治"专业实践环节，编者在多年从事房地产教学和专业实践指导的基础上，总结了学生在实践环节遇到的现实问题，并进行了提炼，将这些问题的解决对策体现在本教材当中，用理论指导实践。同时内容浅显易懂，实用性强，适合作为普通高等院校管理类本科生教材及其他专业选修教材；还可作为基层房地产开发及管理人员研修学习用书。

　　借鉴和学习是永恒和必需的。编者在编写过程中参考了大量的文献资料，借鉴和吸收了国内外众多学者的研究成果，在此一并对他们的辛勤工作深表谢意。由于编写时间仓促，编者水平有限，错漏之处在所难免，恳请广大读者批评指正。

刘亚臣　王　静

目　　录

第1章 住宅与房地产业

学习目标

1. 了解我国房地产业的发展历程、现状、问题和发展趋势；
2. 熟悉住宅与房地产的概念及分类；
3. 掌握住宅与房地产相关的术语。

1.1 认识住宅与房地产

1.1.1 住宅与房地产的概念

1. 房地产

对于房地产的概念，应该从两个方面来理解：房地产既是一种客观存在的物质形态，同时也是一项法律权利。

作为一种客观存在的物质形态，房地产是指房产和地产的总称，包括土地和土地上永久建筑物及所衍生的权利。房产是指建筑在土地上的各种房屋，包括住宅、厂房、仓库和商业、服务、文化、教育、卫生、体育以及办公用房等。地产是指土地及其上下一定的空间，包括地下的各种基础设施、地面道路等。房地产总是固定在一个地域之内，非经破坏变更不能移动其位置，因而又得名"不动产（Real-Estate）"。法律意义上房地产本质是一种财产权利，这种财产权利是指寓含于房地产实体中的各种经济利益以及由此而形成的各种权利，如所有权、使用权、抵押权、典权、租赁权等。

2. 住宅

住宅是房地产市场中占比例最多的一种产品形式，它是指专供人们居住的房屋，包括普通商品住宅、别墅、公寓、宿舍等，但不包括住宅楼中作为人防用、不住人的地下室等，也不包括托儿所、病房、疗养院、旅馆等具有专门用途的房屋。

1.1.2 房地产的特征

房地产既具有商品属性又具有社会属性。市场经济下，房地产是一种特殊的商品，具有位置固定性、使用长期性、价格昂贵性以及保值增值性等商品特征。

1. 位置固定性

土地具有位置固定性，建筑物由于固着在土地上，其位置往往也是固定的。房地产的位置固定性，派生出了房地产的不可移动性、地区性和个别性。房地产的位置固定性，决定了任何一宗房地产只能就地开发、利用和消费，并要受制于其所在的空间环境，人们无法将它像其他财产一样携带转移，因此房地产又被称为"不动产"。

2. 使用长期性

尽管土地可以被沙漠化、洪水淹没或荒芜、侵蚀，然而它在地球表面所标明的场所是永存的，可以说土地具有不可毁灭性。建筑物一经建造完成，其寿命通常可达数十年甚至上百年。正常情况下，建筑物很少会发生倒塌，只是为了更好的用途或有可能提供更高的价值才会被拆除。但值得注意的是，在我国内地，房地产自然方面的长期使用性受到了有限期的土地使用权的制约。国家规定的土地使用权出让最高年限按下列用途确定：居住用地 70 年；工业用地 50 年；教育、科技、文化、卫生、体育用地 50 年；商业、旅游、娱乐用地 40 年；综合或者其他用地 50 年。

3. 价格昂贵性

如前所述，房地产商品的使用长期性，使得它的使用价值可以在相当长的时间内持续稳定地释放出来。同时建造房地产本身也需要耗费大量的人力、财力与物力，因此，即便是一套普通的住宅也表现出明显的"昂贵性"。另外，在我国大城市，土地的价格也十分昂贵，一平方米的地价少则数百元，多则上千元、上万元，决定了投资房地产商品将要付出巨大的代价。

4. 保值增值性

随着社会经济的发展和人口的不断增加，房地产需求不断增长，而土地的稀缺性决定了房地产供给量是有限的，因此，房地产价格总是呈上涨趋势，使其具有很好的保值增值性。

1.1.3　住宅与房地产的类型

1. 房地产的分类

（1）按土地的开发程度，房地产可以分为：

1）生地：指不具有城市基础设施的土地，如荒地、农地。

2）毛地：指具有一定城市基础设施，但尚未完成房屋拆迁补偿安置的土地。

3）熟地：指具有较完善的城市基础设施且土地平整，能直接在其上进行房屋建设的土地。

4）在建工程：指地上建筑物尚未建成、不具备使用条件的房地产。

5）现房：指消费者在购买时已经通过交付标准的各项验收，可以正式入住的住宅。

（2）按使用用途的不同，房地产可以划分为：

1）居住房地产：包括普通住宅、高级公寓、别墅、宿舍等。

2）商业房地产：包括商务办公楼（写字楼）、旅馆（宾馆、饭店、酒店、招待所、旅店等）、商店（商场、购物中心、商业铺面等）、餐馆、影剧院等。

3）旅游房地产：包括公园、风景名胜、历史古迹、沙滩等休闲场所。

4）工业房地产：包括厂房、仓库等。

5）农业房地产：包括农场、林场、牧场、果园等。

6）特殊用途房地产：包括政府机关办公楼、学校、教堂、寺庙、墓地等。

2. 住宅的分类

（1）按产品的性质，可以将住宅划分为普通住宅和非普通住宅。

区分普通住宅和非普通住宅的标准为：

1) 住宅小区建筑容积率在 1.0 以下（不含 1.0）；

2) 单套建筑面积在 144m² 以上（含 144m²）；

3) 实际成交价格高于该区市场指导价 1.2 倍以上（不含 1.2 倍）。

以上三点只要符合一个，即为非普通住宅。反之则为普通住宅。

（2）按标准住宅设计规范要求，按地上建筑层数可以将住宅划分为：

1) 低层住宅：指 1 层～3 层，建筑高度不大于 11m 的住宅。

2) 多层住宅：指 4 层～6 层，建筑高度不大于 24m 的住宅。

3) 中高层住宅：指 7 层～9 层，建筑高度不大于 30m 的住宅。

4) 高层住宅：指 10 层及以上住宅。

（3）按房屋的类型，可以将住宅划分为：

1) 单元式住宅：是指在多层、高层楼房中的一种住宅建筑形式。通常每层楼面只有一个楼梯，住户由楼梯平台直接进入分户门，一般多层住宅每个楼梯可以安排 24～28 户，所以每个楼梯的控制面积又称为一个居住单元。

2) 公寓式住宅：是相对于独院独户的西式别墅住宅而言的。公寓式住宅大多是高层，标准较高，每一层内有若干单独使用的套房，包括卧室、起居室、客厅、浴室、厕所、厨房、阳台等，还有一部分附设于旅馆酒店之内，供一些常常往来的中外客商及家眷中短期租用。

3) 复式住宅：是近几年来出现的一种新型住宅形式。这类住宅在建造上每户占有上、下两层，上层实际上是增建的 1.2m 的夹层。下层供起居、炊事、进餐、洗浴用；上层供休息、睡眠和贮藏用，两层合计的层高一般为 3.3m。复式住宅具有使用面积大、节约城市用地、节省住宅投资等特点。

4) 跃层式住宅：是指住宅占上下两层楼面，卧室、起居室、客厅、卫生间、厨房及其他辅助用房可以分层布置，上下层之间的交通不通过公共楼梯而采用户内独用小楼梯连接。

5) 花园洋房式住宅：一般也称西式洋房或小洋楼，也称花园别墅。一般都是带有花园草坪和车库的独院式平房或二、三层小楼，建筑密度很低，内部居住功能完备，一般为高收入者购买。

（4）按建筑结构，可以将住宅划分为：

1) 砖混结构住宅：以砖墙、砖柱和钢筋混凝土板（预制板或现浇板）为主要承重构件的住宅，根据抗震要求一般在 6 层以下。

2) 钢混结构住宅：这类住宅的结构材料是钢筋混凝土，即钢筋、水泥、粗细骨料（碎石）、水等混合体。这种结构的住宅具有抗震性能好、整体性强、抗腐蚀能力强、经久耐用等优点，并且房间的开间、进深相对较大，空间分割较自由。

3) 框架结构住宅：是指以钢筋混凝土浇捣成承重梁柱及板，再用预制的加气混凝土、膨胀珍珠岩、浮石、蛭石、陶粒等轻质板材隔墙分户装配而成的住宅。适合大规模工业化施工，有效率较高、工程质量较好、经久耐用的优点，并且房间的开间、进深相对较大，空间分割较自由。目前，多、高层住宅多采用这种结构。

1.2　透视房地产业

1.2.1　房地产业的概念

房地产业是从事房地产开发、经营、管理和服务的产业。在许多国家和地区，房地产业都是在建筑业的基础上发展起来的，并最终形成与建筑业不同的一个独立的产业部门。

建筑业是直接从事房屋生产和其他建筑物的建造、改造、装修、安装等的一个物质生产部门，属于第二产业。房地产业则是从事房地产投资、开发、经营、管理和服务，主要在流通领域里活动的产业部门，属于第三产业。房地产业与建筑业关系密切，在现代经济中两者是相互渗透和交叉的，在日常经济活动中，房地产企业和建筑企业作为建设方和施工方，形成十分密切的甲乙方关系。

1.2.2　房地产业的分类

房地产业可分为房地产投资开发业和房地产服务业。房地产服务业又分为房地产咨询、房地产价格评估、房地产经纪和物业管理等，其中，房地产咨询、房地产价格评估、房地产经纪归为房地产中介服务业。

1.　房地产投资开发业

房地产投资开发业是指具有经营资格的房地产开发公司在依法取得国有土地使用权的土地上进行基础设施建设、场地平整等土地开发或者房屋建设，然后再转让开发完成后的土地、房地产开发项目或者销售、出租建成后的房屋。房地产开发商是投资活动的主要组织者和决策者，他们要时刻关注房地产市场的发展变化，把资金、建筑承包商、相关专业服务人员等结合起来完成房地产投资开发活动。目前，我国房地产业中房地产投资开发业占主体地位。

2.　房地产咨询业

房地产咨询业是指为有关房地产活动的当事人提供法律法规、政策、信息、技术等方面的顾问服务，现实中的具体业务包括接受当事人的委托进行房地产市场调查研究、房地产投资项目可行性研究、房地产开发项目策划等。目前，房地产咨询业务主要由房地产估价师和房地产估价机构或者房地产经纪人和房地产经纪机构承担。

3.　房地产价格评估业

房地产价格评估业是指具有执业资格证书的专业房地产估价人员按照相关要求分析、测算和判断房地产的价值并提出相关专业意见，为土地使用权出让、转让和房地产买卖、抵押、征收征用补偿、损害赔偿、课税等提供价值参考依据。房地产估价活动主要由房地产估价师来完成。

4.　房地产经纪业

房地产经纪业主要是帮助房地产出售者、出租人寻找到房地产的购买者、承租人，或者帮助房地产的购买者、承租人寻找到其欲购买、承租的房地产，是房地产市场运行的润滑剂。房地产经纪活动由房地产经纪人员来完成。

5.　物业管理业

物业管理业指物业管理企业按照物业服务合同约定，对房屋及配套设施、设备及相关

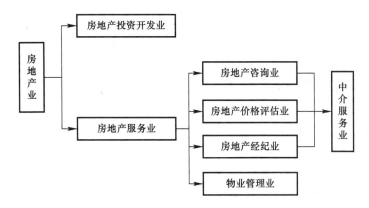

图 1-1　房地产业的分类

场地进行养护、管理等活动。

1.2.3　房地产业在国民经济中的地位和作用

房地产是国民经济发展的一个基本的生产要素，任何行业的发展都离不开房地产业。反过来说，任何行业都拥有一定的房地产，都是房地产经济活动的参与者。房地产业是综合性的长链条产业，横跨生产、流通和消费三大领域，对金融、建材、家电等 50 多个相关产业有直接的拉动作用，和广大人民群众的生产生活息息相关，在经济和社会发展中具有重要的地位和作用。

1. 房地产业是国民经济的基础产业

在社会经济生活中，房地产业提供的产品和劳务兼具基础性的生活资料和生产资料的双重属性。一方面，房地产业开发的产品——住宅，是人们满足居住需要的最基本的生活资料。古人云"宅者人之本"、"人因宅而立"，现在说"安居乐业"，安居才能乐业，住的问题解决了，人们才能有更多的精力从事劳动生产。另一方面，房地产业开发的商铺、厂房、办公用房等，是满足生产经营需要的重要生产资料，能为商业、工业、农业等的发展提供前提和发展场所。房地产作为社会经济生活的基本要素贯穿于社会生产和再生产的各个环节，从而使房地产业具有基础产业的特征。

2. 房地产业是国民经济的先导产业

房地产业与建筑业、林业、材料工业、金融业以及市政、园林等行业有着十分密切的关系，房地产业的发展能够带动这些相关产业的发展。并且，各行各业的再生产和扩大再生产都要以房地产业的发展为前提条件，由于房地产商品的形成需要耗用较长的时间，一般一个项目的建设周期平均需要 4 年多时间，所以相对于对房地产商品提出需求的其他行业而言，房地产的开发和建设一般需要超前进行。具体地说，某一行业要发展，必须要超前发展该行业的房地产。因此人们往往把房地产业称为国民经济的先导产业。

3. 房地产业是国民经济的主导产业

房地产业成为国民经济的主导产业体现在三个方面：房地产业具有很强的回顾效应，房地产业作为需求市场，带动钢铁、建材、森工、机械、化工、陶瓷、纺织等产业的发展；房地产业具有的一定的前瞻效应，通过房地产的开发和建设，直接带动建筑、装饰、通信、电力等产业的发展；房地产业具有一定的旁侧效应，房地产业可以改善人民的居住和生活条件，可以改善投资环境，加快改革开放的步伐，为城市建设开辟重要的积累资金的渠道，有利于吸引外资，加速经济建设，可以扩大就业面，加快城市化进程的步伐。

1.3　住房制度与保障性住房建设

1.3.1　中国城镇住房制度改革历程

回顾中国改革开放 30 年的历程，住房制度改革以及与此密切相关的房地产行业可谓一大看点，其改革历程大致经历了四个阶段：（1）住房制度改革的初步探索和试点阶段（1978～1991 年）；（2）住房制度的全面改革阶段（1991～1997 年）；（3）住房制度的深化发展阶段（1997～2004 年）；（4）住房制度的调整创新阶段（2004 年至今）。

（1）住房制度改革的初步探索和试点阶段（1978～1991 年）

1978 年 9 月，中央召开的城市住宅建设会议传达了邓小平的一次重要谈话，主要思路就是：解决住房问题能不能路子宽些，譬如允许私人建房或者私建公助，分期付款；在长期规划中，必须把建筑业放在重要位置。1980 年 4 月，邓小平明确指出，住房改革要走商品化的路子，从而揭开了住房制度改革的序幕。

1）成本价售房（1978～1981 年）

我国住房制度的改革是在低租金、实物福利分房制度不变的情况下，以成本价向职工出售公有住房的试点为起点的。最初国务院选择了西安、柳州、梧州、南宁四个城市进行新建住房向职工出售的试点，即由政府统一建房，以土建成本价向居民出售。1980 年 6 月，国务院准许私人建房和买房，准许私人拥有自己的住宅。1981 年，试点扩大到 60 多个城市，但因房屋租售比不合理、地方不正之风等因素干扰，试点工作被迫叫停。

2）补贴售房（1981～1986 年）

1982 年，国家有关部门设计了"三三制"的补贴出售新建住房方案，即由政府、企业和个人各承担三分之一，并在郑州、常州、四平、沙市试点。在试点中，验证了职工有购房需求和一定支付能力，也暴露出在大量旧公房低租金制未触动的情况下，租买比价不合理，个人缺乏买房动力，住房建设资金不能自身循环，国家和企业难以长期承受这种负担。1986 年 3 月国家出台《关于城镇公房补贴出售试点问题的通知》，规定公有住宅出售原则上实行成本价，坚决制止随意贱价出售旧房，从而使出售旧公房暂时告一段落。

3）提租补贴（1986～1991 年）

1986 年，住房制度改革从"三三制"售房转向租金制度改革的研究和设计，选定烟台、唐山、蚌埠进行房改试点，试行"提租补贴、租售结合、以租促售、配套改革"的方案。国家、企业以及职工之间的利益关系得到调整，为全国的住房改革提供了思路。

（2）住房制度的全面改革阶段（1991～1997 年）

1991 年 10 月，国务院下发《关于全面进行城镇住房制度改革的意见》，确定房改的总目标是：从改革公房低租金制度入手，从公房的实物福利分配逐步转变为货币工资分配，由住户通过买房或租房取得住房的所有权或使用权，使住房作为商品进入市场，实现住房资金投入、产出的良性循环，提出 1992～1993 年在全国范围内全面推进城镇住房制度改革。这是我国住房制度改革的一个纲领性文件，标志着城镇住房制度改革进入全面推进和综合配套改革的阶段。

1991年，上海市提出借鉴新加坡经验，建立住房公积金制度。1992年5月，《上海市住房制度改革实施方案》正式出台实施，通过推行住房公积金制度，并在全国房改中产生了巨大的影响，房改逐步在全国范围内推行开来。

1994年7月，国务院下发《关于深化城镇住房制度改革的决定》，确定房改的根本目标是：建立与社会主义市场经济体制相适应的新的城镇住房制度，实现住房商品化、社会化；加快住房建设，改善居住条件，满足城镇居民不断增长的住房需求，这是中国住房制度改革进程中里程碑式的文件之一。文件的出台极大地完善和规范了住房制度改革的相关政策，明确了社会主义市场经济理论是城镇住房保障制度改革的指导思想，确定了房改用住房的开发建设，按照商品化、市场化、社会化的思路全面改革住房制度，标志着我国住房制度改革进入了全面实施阶段。

1994年12月，国家出台《城镇经济适用住房建设管理办法》，指出经济适用住房是"以中低收入家庭住房困难户为供应对象，并按国家住房建设标准建设的普通住宅"，并规定"经济适用房建设要体现经济、适用、美观的原则，使用功能要满足居民的基本生活需要"，在计划、规划、资金筹集、拆迁、税费等方面对经济适用房的建设制定政策措施，予以扶持。

1995年2月，国家出台《关于安居工程实施方案的通知》，计划在5年内新建1.5亿平方米住宅。建设工程款由国家贷款40%、城市配套资金60%的比例筹集，所需建设用地一律采用划拨方式由当地人民政府提供，并相应减免有关费用。住宅建成后，直接以成本价向中低收入家庭出售，并优先出售给无房户、危房户和住房困难户。

（3）住房制度的深化发展阶段（1997～2004年）

1998年7月，国务院发布《关于进一步深化城镇住房制度改革加快住房建设的通知》，宣布从同年下半年开始全面停止住房实物分配，实行住房分配货币化，首次提出建立和完善以经济适用住房为主的多层次城镇住房供应体系，即高收入者购买或租赁市场价商品住房、中低收入者购买经济适用房、最低收入者租用政府或单位提供的廉租住房。

2003年8月，国务院发布了《关于促进房地产市场持续健康发展的通知》，明确提出要保持房地产业的持续健康发展，各地要根据城镇住房制度改革进程、居民住房状况和收入水平的变化，完善住房供应政策、调整住房供应结构，逐步实现多数家庭购买或承租普通商品住房，并明确经济适用房是具有保障性质的政策性商品住房。

（4）住房制度的调整创新阶段（2004年至今）

2004年以来，中央一方面继续推进住房制度改革，一方面加大对房地产市场的调控力度。国务院先后颁发"前国八条"、"后国八条"、"国六条"等一系列文件，提出在高度重视稳定住房价格工作，稳定住房价格（特别是普通商品住房和经济适用住房价格）的同时，加快建立和完善适合我国国情的住房保障制度。

2005年3月，国务院下发《关于切实稳定住房价格的通知》，业内将其称之为"国八条"。其将稳定房价提高到了政治高度，要求建立政府负责制，省政府负总责，并第一次明确提出了"对住房价格上涨过快、控制不力的，要追究有关负责人的责任"。

2005年4月，国务院总理温家宝主持召开国务院常务会议时，着重分析当前房地产市场形势，研究进一步加强房地产市场宏观调控问题，并提出了"加强房地产市场引导和调控的八点措施"，即"新国八条"。

进入 2006 年，全国不少大中城市的房价出现大幅上扬，2006 年 5 月，国务院办公厅发布《关于调整住房供应结构稳定住房价格意见的通知》，提出切实调整住房供应结构，重点发展中低价位、中小户型普通商品住房、经济适用房和廉租房，并明确了新建住房结构比例，即自 2006 年 6 月 1 日起，凡新审批、新开工的商品住房建设，套型建筑面积 90m² 以下住房面积比重，必须达到开发建设总面积的 70% 以上，因此又被称为"两限房"。

从 2007 年 3 月 18 日起，央行连续 6 次加息，以抑制当前过热的房地产市场状况。2007 年 9 月，央行、银监会联合颁布《关于加强商业性房地产信贷管理的通知》，通知要求，对于贷款购买第二套住房，首付不低于房屋总价款的四成，利率为基准利率的1.1 倍。

2008 年全球金融危机爆发，波及中国房地产市场，为应对金融危机，进一步扩大内需和促进经济平稳较快增长，2008 年 12 月，国务院发布《关于促进房地产市场健康发展的若干意见》，要求加大保障性住房建设力度，争取用 3 年的时间基本解决 747 万户城市低收入住房困难家庭住房及 240 万棚户区居民的住房搬迁维修改造问题，同时宣布，2009~2011 年，全国平均每年新增 130 万套经济适用房。

随着城镇化的快速推进，新就业职工的阶段性住房支付能力不足的矛盾日益显现，外来务工人员居住推进也亟待改善，因此 2010 年 6 月，住房和城乡建设部等七部委联合下发《关于加快公共租赁住房的指导意见》，提出要大力发展公共租赁市场，满足城市中等偏下收入家庭的基本住房需求，引导城镇居民合理消费。

2011 年 1 月，住房和城乡建设部提出，2011 年我国建设 1000 万套保障性住房，这意味着我国将迎来保障性住房建设的高峰，其中公共租赁住房将占据重要地位。同年，国务院办公厅下发《关于进一步做好房地产市场调控工作有关问题的通知》，提出进一步落实地方政府责任，加大保障性安居工程建设力度，调整完善相关税收政策，加强税收征管强化差别化住房信贷政策，严格住房用地供应管理，合理引导住房需求，落实住房保障和稳定房价工作的约谈问责机制，坚持和强化舆论引导等八条意见。

2013 年 2 月，国务院办公厅下发《关于继续做好房地产市场调控工作的通知》，通知指出完善稳定房价工作责任制，坚决抑制投机投资性购房，增加普通商品住房及用地供应，加快保障性安居工程规划建设，加强市场监管和预期管理，加快建立和完善引导房地产市场健康发展的长效机制。

1.3.2　我国保障性住房的分类

保障性住房是与商品性住房相对应的一个概念，保障性住房是指政府为中低收入住房困难家庭所提供的限定标准、限定价格或租金的住房，目前包括经济适用住房、廉租住房、公共租赁房和限价商品住房。

（1）经济适用住房

经济适用住房是具有社会保障性质的商品住宅，指由政府组织房地产开发企业或者集资建房单位建造，然后向城镇中低收入家庭出售，并获取微利的住房。

经济适用住房的建设由国家统一下达计划、用地实行由地方政府行政划拨方式，免收土地出让金、对各种经批准的收费实行减半征收、出售价格按保本微利的原则确定的，具有经济性和适用性的特点。经济性是指住房的价格相对同期市场价格来说是适中的，适合中低收入家庭的经济承受力，一般售价约相当于市场价格的 $50\%\sim80\%$；适用性指在房屋的设计、单套面积设定以及建筑标准上达到一定的使用效果，可以满足绝大多数中低收入家庭的户型结构和居住质量要求。

（2）廉租房

指政府以租金补贴或实物配租的方式，向符合城镇居民最低生活保障标准且住房困难的家庭提供社会保障性质的住房。廉租房只租不售，出租给城镇居民中最低收入者。廉租房是目前解决最低收入家庭住房的重要途径。

与其他住房供应体系相比，廉租房具有社会保障性显著、低租金、无继承权等特点。廉租房不同于商品房，也不同于经济适用房，具有一定的社会福利性质；由于廉租房全部出租给低收入且一般无力购买住房的家庭，所以租金相对低廉；政府会定期对廉租房的承租户进行审查，如果条件转好，将按退出机制收回廉租房，继续出租给符合条件的家庭。

（3）公共租赁房

又称公租房，是解决"夹心层"群体住房困难的一个产品，它的产权不归个人所有，而是由政府或公共机构所有，用低于市场价或者承租者承受起的价格，向新就业职工出租，包括一些新大学毕业生，还有一些从外地迁移到城市工作的群体。

公共租赁住房的房源主要来自于三类：一是出租性经济适用房；二是政府逐步以改造、收购市场存量中户型小、价格相对低的普通商品住房等方式而储备的公共租赁住房；三是政府政策引导，激励企业单位合作建设的公共租赁住房。

（4）限价商品房。指经城市人民政府批准，在限制套型比例、限制销售价格的基础上，以竞地价、竞房价的方式，招标确定住宅项目开发建设单位，由中标单位按照约定标准建设，按照约定价位面向符合条件的居民销售的中低价位、中小套型普通商品住房。

限价房属于商品房，由开发商建设，在住房市场中销售，虽然其价格受到限制，但开发商仍有利润可获。商品房的性质并不能掩盖限价房带有的住房保障性质，他是政府为了保障中低收入居民的住房利益而通过"限房价"、"限套型"、"限对象""竞地价"等方式实施的一种手段，它的价格低于同类普通商品房，以保证中低收入者经济上可以承受。

1.3.3　保障性住房建设的意义

（1）保障性住房建设有利于改善城市低收入居民的居住条件

住房作为人们基本的生活资料，是人们的立足之地、生存之所，是人类生存、发展和享受的基本前提，是人们安居乐业、和谐稳定的关键所在。因此，住房问题不仅是经济问题，还是民生问题、政治问题。

"住有所居"是胡锦涛在"十八大"报告中提出的民生目标之一，保障性安居工程是"十二五"时期保障和改善民生的标志性工程。保障性住房的建设，在一定程度上缓解了中低收入居民的居住困难，解决了部分城市居民的安居问题，为中低收入居民实现"住有所居"的目标提供了可能，有利于体现公平正义，化解社会矛盾，促进社会和谐稳定。

（2）保障性住房建设有利于推动我国住宅市场的健康发展

近年来，部分城市房价上涨较快，有的城市房屋租赁价格也明显上升，给群众改善住房条件带来很大压力，成为社会广泛关注的焦点问题之一。住房价格如果持续过快上涨，容易形成房地产"泡沫"，带来潜在的或现实的金融风险，扰乱乃至破坏经济正常循环。

大规模建设保障性住房，既可以增加住房有效供应，分流商品住宅市场需求，还可以稳定群众住房消费预期，对市场起到"镇静剂"的作用，有利于管理好通胀预期，把经济平稳较快发展的好势头保持下去。

（3）保障性住房建设有利于扩大内需

保障性住房建设既能增加投资，又能带动消费，对扩大内需，调结构、转方式具有重要作用。政府增加保障性住房建设支出，可以发挥乘数效应，发挥房地产业链条长的作用，带动大量社会资金投入住房建设，促进相关产业发展。老百姓有了新居，要进行装修，购买家具、电器和其他生活用品，还会直接扩大消费需求。解除居住的后顾之忧后，居民的消费信心和能力也会增强，从而增加其他商品的即期消费。

1.4　住宅与房地产相关术语

1.4.1　基本规划术语

1. 容积率

是指一个小区的总建筑面积与规划建设用地面积的比率。对于房地产开发商来说，容积率决定地价成本在房屋中占的比例，而对于住户来说，容积率直接涉及居住的舒适度。

容积率＝地上建筑总面积÷规划建设用地面积

2. 建筑密度

指项目用地范围内所有建筑的基底总面积与规划建设用地面积之比，它可以反映出一定用地范围内的空地率和建筑密集程度。

建筑密度＝建筑基底总面积÷规划建设用地面积

3. 绿地率

指小区用地范围内各类绿地的总和与小区用地的比率，主要包括公共绿地、宅旁绿地、配套公建所属绿地和道路绿地等。

4. 配套设施

配套设施包括基础设施和公共设施。

基础设施包括与住宅小区建设相配套的供水、供电、供热、燃气、通信、电视系统、道路和绿化等设施。

公共设施包括与小区建设相配套的停车设施、娱乐设施及教育、商业、饮食等各种公共建筑。

5. 道路红线

指城市道路用地规划控制线。有时也把确定沿街建筑位置的一条建筑线谓之红线，即建筑红线。它可与道路红线重合，也可退至道路红线之后，但绝不允许超越道路红线，在红线内不允许建任何永久性建筑。

1.4.2　住宅面积术语

1. 住宅的建筑面积

住宅的建筑面积是指建筑物外墙外围所围成空间的水平面积。

建筑面积＝套内建筑面积＋公摊面积

2．套内建筑面积

套内建筑面积＝套内使用面积＋套内墙体面积＋阳台建筑面积

3．套内使用面积

套内使用面积指室内实际能使用的面积，不包括墙体、柱子等结构面积。

4．套内墙体面积

套内墙体面积包括住宅卧室和起居室间的分隔墙、起居室之间分隔墙、厨卫与起居室内之间的分隔墙等，以及外墙的一半、与隔壁房屋的分隔墙的一半及与楼梯间的分隔墙的一半等。

5．阳台建筑面积

阳台建筑面积按阳台外围与房屋外墙之间的水平投影面积计算。其中封闭的阳台按水平投影全部计算建筑面积，未封闭的阳台按水平投影的一半计算建筑面积。

6．公摊面积

公摊面积是分摊的共有建筑面积的简称，即指各产权共同占有或共同使用的共有建筑面积，包括电梯井、管道井、楼梯间、垃圾道、变电室、设备间、公共门厅、过道、值班警卫室、为整幢楼服务的公共用房和管理用房的建筑面积、套与公共建筑之间的分隔墙以及外墙（山墙）、计入套内建筑面积之外的共用墙体面积。

7．得房率

得房率指每户可使用的面积即可供住户支配的面积与每户建筑面积之比，也就是套内建筑面积与建筑面积之比。

8．住宅的开间

住宅设计中，住宅的开间是指相邻两个横墙的定位轴线间的距离。住宅开间一般不超过 3.0～3.9m，砖混结构住宅开间一般不超过 3.3m。

9．住宅的进深

在建筑学上是指一间独立的房屋或一幢居住建筑从前墙皮到后墙壁之间的实际长度。

10．住宅的层高

层高是指下层地板表面或楼板表面到上层楼板表面之间的距离。

11．住宅的净高

净高是指下层地板表面或楼板上表面到上层楼板下表面之间的距离。

净高＝层高-楼板厚度

1.4.3 商品房销售术语

1．楼花

楼花一词最早源自香港，是指未完工的在建物。一般称卖"楼花"为预售房屋，买"楼花"为预购房屋。

2．期房

期房是指房地产开发公司取得预售许可证后到完成商品房竣工验收合格为止的商品房。

3．现房

现房是指消费者在购买时具备即买即可入住的商品房。即开发商已办妥所售的商品房的大产权证的商品房，与消费者签订商品房买卖合同后，立即可以办理入住并取得产权证。

4. 尾房

尾房又称扫尾房，是空置房中的一种。一般情况下，当商品住宅的销售量达到80％以后，就进入房地产项目的清盘销售阶段，此时所销售的房产一般称为尾房。

5. 起价

也叫起步价，是指某物业各楼层销售价格中的最低价格。多层住宅，不带花园的，一般以一楼或顶楼的销售价为起价；带花园的住宅，一般以二楼或五楼作为销售的起价。高层物业，以最低层的销售价为起步价。

6. 均价

均价是指将各单位的销售价格相加后的和除以建筑面积的和，即得出每平方米的均价。均价一般不是销售价。

7. 楼面地价

单位建筑面积平均分摊的土地价格。

楼面地价＝土地总价÷规划建筑面积＝土地单价÷规划容积率

8. 五证两书

"五证"包括《建设用地规划许可证》、《建设工程规划许可证》、《建筑工程施工许可证》、《国有土地使用证》和《商品房预售许可证》。

"两书"包括《住宅质量保证书》和《住宅使用说明书》。

9. 定金

定金是一个规范的法律概念，是合同当事人为确保合同的履行而自愿约定的一种担保形式。商品房交易中，买家履行合同后，定金应当抵作价款；若买家不履行合同，无权要求返还定金；开发企业不履行合同的，应双倍返还定金。

10. 订金

订金并非一个规范的法律概念，实际上它具有预付款的性质，是当事人的一种支付手段，并不具备担保性质。商品房交易中，如买家不履行合同义务，并不表示他丧失了请求返还订金的权利；反之，若开发企业不履行义务亦不须双倍返还订金，但这并不意味着合同违约方无须承担违约责任。

【思考题】

1. 比较房地产行业和其他行业的异同点？

2. 住宅和房地产是如何进行分类的？

3. 我国住房制度的改革经历了哪些阶段？

4. 什么是容积率、建筑密度、得房率？这些指标对消费者购房将产生什么影响？

【实训题】

1. 查找资料，了解美国房地产大亨唐纳德·特朗普的传奇人生。

2. 通过市场调研，了解"夹心层"群体住房的现状，提出解决"夹心层"群体住房保障的措施。

第 2 章　住宅与房地产市场分析

学习目标

1. 了解住宅与房地产市场的基本概念、特征；
2. 掌握房地产市场的细分方式；
3. 了解房地产市场的运行规律；
4. 熟悉房地产市场中的两种现象：泡沫和过热；
5. 熟悉政府宏观调控的几种手段。

2.1　住宅与房地产市场概述

2.1.1　住宅与房地产市场的概念

房地产是一种特殊的商品，不可移动性是其与劳动力、资本以及其他类型商品最大的区别。虽然土地和地上建筑物不能移动，但它可以被某个人或机构拥有，并且给拥有者带来利益，因此就产生了房地产交易行为。

1. 房地产市场

房地产市场可以理解为从事房地产买卖、租赁、抵押、典当等交易的活动场所及一切交易途径和形式。房地产经济学中对房地产市场的定义则是指：当前潜在的房地产买者和卖者，以及当前的房地产交易活动。一个完整的房地产市场是由市场主体、客体、价格、资金、运行机制等因素构成的一个系统。与一般市场相同，房地产市场也是由参与房地产交换的当事者、房地产商品、房地产交易需求、交易组织机构等要素构成的。这些要素反映着房地产市场运行中的种种现象，决定并影响着房地产市场的发展与未来趋势。

2. 住宅市场

住宅市场是住宅作为消费品用于交换的场所及由于交易发生的经济关系的统称。住宅市场是房地产市场的重要组成部分，其具有相对独立性和独有的特点。一般的，狭义理解的住宅市场是指为住宅提供租赁、抵押、买卖等交易的场所或者空间。广义上的住宅市场是指，因为住宅所有权和使用权等转让、交易等活动，而产生的经济关系和社会关系的综合。

2.1.2　住宅市场的特征

1. 地区性

住宅一旦建成，便牢牢固定在土地上不可移动，因此它只能按就近原则，为其周边一定半径的空间范围内的消费者提供服务。也就是说，它的客户人群受到很大的地理局限，与之相关的需求和供给都被限制在较小的地区范围内。在特殊情况下，开发商固然也可以将某类住宅产品推至异地甚至境外去销售（例如海滨别墅或森林度假场所），但是购买者仍然必须到住宅所在地来消费和使用它，并且只能按照当地的价格进行交易结算。

2. 垄断性

住宅市场的地区性为市场垄断和近似垄断提供了先天便利条件。异地的要素和产品难以参与到本地的市场竞争中来，不利于消费者完全自主自愿地选择商品；尤其在价格上和性能上容易形成一定的卖方市场，而买方处于相对弱势的地位，如果没有政府干预，消费者的权益难以得到根本保障。

3. 分散性

住宅是异质性商品，每一户住宅都具有自己独特的住宅特征，因此也就有不同的价值构成基础。反映在价格上，则任何一户住宅的成交价都仅仅是个案，只对其他住宅的价格起到参考借鉴作用，而无法成为单一的均衡价格放诸于市场上。此外，住宅不可移动使得人们很难建设一个类似于超市的集中市场来进行房产交易，而必须分散到各个住宅的所在地去进行一对一的踏勘与谈判，因此有关整个地域内的住宅市场的交易详情就很难集中收集和发布，信息传递具有某种天然的缺损、失范和不透明。这便是住宅市场的"分散性"。

4. 多元性

一方面，住宅是家庭最大宗的消费品，在人的一生中时时不可或缺。人们选购和选租住宅，基本动机和最终目的是为了消费，所以住宅市场主要具有消费品市场的属性。另一方面，住宅的特殊之处在于它具备保值增值的能力，无论是专门把住宅作为一个投资项目来经营，还是在消费住宅的同时"额外"享有增值收益，住宅都可以为其业主带来经济上的好处。人们投资于住宅，几乎就像投资于金银、文物、期货和股票、债券等一样，所以住宅市场又具有投资品市场的属性。再一方面，在政府干预能力较弱的时期以及住宅短缺的地区，投机者炒买炒卖、兴风作浪的现象屡见不鲜，所以住宅市场一定程度上也有投机的属性。

5. 交易复杂性

由于住宅商品本身不能移动，交易是房地产产权的流转及其再界定；因此住宅交易通常需要经过复杂和严密的法律程序，耗费时间比较长，交易费用通常也比较多；加之市场信息的缺乏，市场交易通常需要房地产估价师或房地产经纪人等专业人员提供服务。

6. 市场信息的不对称性

信息不对称性，是指在市场交易中，产品的卖方和买方对产品的质量、性能等所拥有的信息是不对称的，通常产品的卖方对自己所生产或提供的产品拥有更多的信息，而产品的买方对所要购买的产品拥有很少的信息。

由于我国房地产市场发展时间较短，很多制度不完善，监管不严，且房地产具有的位置固定性、异质性、弱流动性和价值量大等特性，导致我国房地产市场在住宅交易环节和信贷环节都存在着程度较高的信息不对称。在交易环节中，房地产开发商与购房者之间、房屋中介公司与挂牌售房者及购房者之间存在信息不对称；在房地产信贷环节，房地产开发商与商业银行之间、购房者与商业银行之间存在信息不对称。因此，在缺乏完善的法律保护的情况下，消费者的利益就很容易受到损害，甚至出现"逆向选择"和"道德风险"等问题。这些类型的信息不对称对目前中国房地产市场的运行规律产生了重要影响。

解决房地产市场信息不对称问题的主要途径，就是政府加强房地产市场信息的发布工作，提高房地产市场的透明度。

以上六个方面是住宅市场的主要特征，但对于某一国家或地区的房地产市场，还要受其社会经济环境的影响，尤其是受到社会体制的制约。因为不同社会体制形成了不同的房地产所有权与使用权制度，从而使房地产市场的上述特性也存在较大差异。例如在我国土地公有制下，房地产权益通常是由一定期限的土地使用权和永久的房屋所有权组成；而在土地私有制国家，房地产权益通常包括了永久的土地所有权和房屋所有权。

2.1.3 房地产市场的细分

1. 按地域划分

房地产的不可移动性，表明其受地区性需求的依赖程度很大，这决定了房地产市场是地区性市场，人们认识和把握房地产市场的状况，也多是从地域概念开始，因此按地域范围对房地产进行划分，是房地产市场划分的主要方式。

地域所包含的范围可大可小，由于房地产市场主要集中在城市地区，所以最常见的是按城市划分，例如北京房地产市场、上海房地产市场、沈阳房地产市场等。对于比较大的城市，其城市内部各区域间的房地产市场往往存在较大的差异，因此，常常还要按照城市内的某一个具体区域划分，例如北京奥运村地区房地产市场、上海浦东新区房地产市场、沈阳浑南新区房地产市场等。从把握某一更大范围房地产市场状况的角度，除按城市划分外，还可以按照省或自治区所辖的地域划分，如海南省房地产市场、浙江省房地产市场等。当然我们还可以说中国房地产市场、美国房地产市场等。但一般来说，市场所包含的地域范围越大，其研究的深度就越浅，研究成果对房地产投资者的实际意义也就越小。

2. 按用途划分

由于不同类型房地产在投资决策、规划设计、工程建设、产品功能、面向客户的类型等方面均存在较大差异，因此需要按照房地产的用途，将其分解为若干个子市场。如居住类物业市场（含普通住宅市场、别墅市场、公寓市场等）、商业类物业市场（含写字楼市场、酒店市场、商铺市场等）、工业物业市场（含标准工业厂房市场、高新技术产业用房市场、仓储用房市场等）、特殊物业市场和土地市场等。

其中住宅市场可以划分为：住宅交易市场、住宅租赁市场、住宅抵押市场、住宅典卖市场等。

3. 按存量增量划分

目前，国家对房地产市场的划分，主要是依据使用权让渡关系，把房地产划分为三个相关层次的市场。

房地产一级市场。主要是指土地使用权的转让，就是把城市土地使用权有偿有限期地批租给土地需求者；承担者（即受让方）一次支付整个使用年限的出让金。一级市场实际上是由政府垄断的批租市场，其市场竞争只存在于买方，并且交易为单向性即只有政府才有权对土地进行批租，其他任何组织都没有这种权力。因此房地产一级市场是由政府整体控制的体现政府政策导向的准市场。

房地产二级市场。是指房地产开发者与房地产的消费者之间构成的交易市场。具体而言，就是开发商在取得土地使用权后对土地进行开发建设，然后将土地及其附着物转达让给使用者的过程。

房地产三级市场。主要是指房地产的再次交易行为。也说是从前的购房者现在要把房屋拿来到市场上去卖。在三级市场信息上买卖的双方一般而言比较零散，规模不大，竞争性较强。

4. 按交易形式划分

土地的交易包括土地买卖、租赁和抵押等子市场，由于我国土地所有权属于国家，因此土地交易实质是土地使用权的交易；新建成的房地产产品交易，存在着销售（含预售）、租赁（含欲租）和抵押等子市场；面向存量房的交易，则存在着租赁、转让、抵押、保险等子市场。

5. 按目标市场划分

从市场营销的角度，可以将房地产市场按照市场营销过程中的目标市场，来划分房地产市场。通常情况下，可以将某种物业类型按其建造标准或价格水平，划分为低档、中低档、中档、中高档和高档物业市场。例如甲级写字楼市场、高档住宅市场、普通住宅市场等。也可以按照目标市场的群体特征进行细分，例如老年住宅市场、青年公寓市场等。

上述五种划分方法是相互独立的，不同的市场参与者通常关注不同的子市场。根据研究或投资决策的需要，可以将五种划分方式叠加在一起，得到更细的子市场，如北京市写字楼销售市场、上海市甲级写字楼租赁市场、沈阳市二手房转让市场等。

2.2 房地产市场的运行

2.2.1 房地产市场的参与者

房地产市场的参与者主要由市场中的买卖双方以及为其提供支持和服务的人员或机构组成。这些参与者分别涉及房地产的开发建设过程、交易过程和使用过程。每个过程内的每一项工作或活动，都是由一系列不同的参与者来分别完成的。应该指出的是，由于所处阶段的特点不同，各参与者的重要程度是有差异的，也不是每一个过程都需要这些人或机构的参与。

1. 土地所有者或当前的使用者

不管是主动的还是被动的，土地所有者或当前的使用者的作用非常重要。为了出售或提高其土地的使用价值，他们可能主动提出出让、转让或投资开发的愿望。在我国，政府垄断了国有土地使用权出让的一级市场，当前的土地使用者也对有关的土地交易有着至关重要的影响。同一开发地块上的当前使用者越多，对开发的影响也就越大，因为开发商要逐一与他们谈判拆迁、安置、补偿方案，遇到"钉子户"，不仅会使开发周期拖长，还会大大增加房地产开发的前期费用。

2. 开发商

开发商是房地产市场的商品供给者，其目的很明确，即通过实施开发过程获取利润。其实现利润的主要途径是从地方政府手中购买土地，通过银行杠杆融资后进行房地产开发。如果地价上涨快，就会愿意通过囤积土地获取利润，如果房价上涨快，愿意通过囤积房源获取利润。

开发商的主要区别在于其开发的物业是销售还是作为一项长期投资。许多中小型开发商是将开发的物业销售，以迅速积累资本，而随着其资本的扩大，这些开发商也会逐渐成为物业的拥有者或投资者，即经历所谓的"资产固化"过程，逐渐向中型、大型开发商过渡。当然，对于居住物业来说，不管开发商的规模大小，开发完毕后一般都用来销售，这是由居住物业的消费特性所决定的。

开发商所承担的开发项目类型也有很大差别。有些开发商对某些特定的物业类型（如写字楼或住宅）或在某一特定的地区进行开发有专长，而另外一些开发商则可能宁愿将其开发风险分散于不同的物业类型和地点上，还有些开发商所开发的物业类型很专一，但地域分布却很广甚至是国际性的。总之，开发商根据自己的特点、实力和经验，所选择的经营方针有很大差别。开发商的经营管理风格也有较大差异：有些开发商从规划设计到房屋租售以及物业管理，均聘请专业顾问机构提供服务；而有些开发商则均由自己负责。

3. 政府及政府机构

政府及政府机构在参与房地产运行的过程中，既有制定规则的权力，又有监督、管理的职能，在有些方面还会提供有关服务。开发商从取得建设用地使用权开始，就不断与政府的发展改革、土地管理、城市规划、建设管理、市政管理、房地产管理等部门打交道，以获取投资许可、建设用地使用权、规划许可、开工许可、市政设施和配套设施使用许可、销售许可和房地产产权等。作为公众利益的代表者，政府在参与房地产市场的同时，也对房地产市场其他参与者的行为发生着影响。

我国房地产市场中政府的参与分为两级，分别是中央政府和地方政府。

（1）中央政府

中央政府负责制定国家金融政策与房地产政策，是房地产调控的主导角色，必然从宏观、综合的角度考虑房地产业发展，要承担起防范金融风险，规范房地产业经营行为的任务，通过促进房地产业健康发展支持经济增长。在以人为本的施政目标下，尽量实现居者有其屋的政治目标。因此，在房地产价格方面，中央政府的目标是房地产价格稳步上升，实现同国民经济发展相适应的长期温和价格上升，而不是短期暴涨。同时，也不希望房地产价格暴跌。中央政府主要通过指导性的政策建议以及宏观调控手段。名义上中央政府可以出台土地政策、金融政策、税收政策等来调节房地产供应量、房地产供应结构和房地产需求。实际上，中央政府除了货币政策和税收政策可以直接作用于房地产市场之外，其他的政策措施都要通过地方政府来实施。

（2）地方政府

在中国房地产价格变化中，地方政府扮演着关键的角色，主要负责中央政府宏观调控政策的具体落实与执行。与中央政府不同的是，地方政府代表的是局部利益，对房地产行业的依赖更为明显，主要表现为：第一，房地产收入是地方财政的重要支柱。房地产业能创造大量的税收，也可以带来可观的土地出让收益，各地方政府将房地产行业作为城市建设资金的主要财源；第二，房地产行业能有效拉动地方经济发展。房地产行业不仅本身可以创造大量的经济增加值与就业机会，还能有效带动建材、建筑等其他产业的发展，可以较快促进地方经济发展，并对地方 GDP、就业增长等政绩考核指标的贡献较大。

4. 金融机构

金融机构是房地产市场发展中最主要的资金供给者。房地产开发过程中需要两类资金，即用于支付开发费用的中短期资金或"建设贷款"，以及项目建成后用于支持消费者与置业投资者购买房地产的长期资金或"抵押贷款"。房地产的生产过程和消费过程均需大量资金支持，没有金融机构参与并提供融资服务，房地产市场就很难正常运转。金融机构在房地产市场中的主要任务是执行国家利率调整政策，执行针对房地产企业的房地产开发贷款和针对购房者的房地产抵押贷款规定，同时通过对贷款业务评估防止呆账坏账，保证金融安全。

5. 建筑承包商

房地产开发商往往需要将其建设过程的工程施工发包给建筑承包商。但承包商也能将其承包建安工程的业务扩展并同时承担附加的一些开发风险，如取得建设用地使用权、参与项目的资金筹措和市场营销等。但承包商仅作为营造商时，其利润仅与建造成本及施工周期有关，承担的风险相对较少。如果承包商将其业务扩展到整个开发过程并承担与之相应的风险时，它就要求有一个更高的收益水平。但即便承包商同时兼做开发商的角色，其对房地产开发项目利润水平的要求也相对较低，因为其承担工程建设工作也能为企业带来一定的收益。

6. 专业顾问

由于房地产开发投资及交易管理过程相当复杂，房地产市场上的大多数买家或卖家不可能有足够的经验和技能来处理房地产开发建设、交易、使用过程中遇到的各种问题。因此，市场上的供给者和需求者很有必要在不同阶段聘请专业顾问提供咨询服务。这些专业顾问包括：

（1）建筑师

在房地产产品的开发建设过程中，建筑师一般承担开发建设用地规划方案设计、建筑设计等工作。有时建筑师并不是亲自完成这些设计工作，而是作为主持人来组织或协调这些工作。一般情况下，建筑师还要组织定期技术工作会议、签发与合同有关的各项任务、提供施工所需图纸资料、协助解决施工中的技术问题等。

（2）工程师

房地产开发中需要结构工程师、建筑设备工程师、电气工程师等。这些不同专业的工程师除进行结构、供暖、给排水、照明，以及空调或高级电气设备等设计外，还可负责合同签订、建筑材料与设备采购、施工监理、协助解决工程施工中的技术问题等工作。

（3）会计师

会计师从事开发投资企业的经济核算等多方面工作，从全局的角度为项目投资提出财务安排或税收方面的建议，包括财务预算、工程预算、付税与清账、合同监督、提供付款方式等，并及时向开发投资企业的负责人通报财务状况。

（4）造价工程师或经济师

在房地产开发过程中，造价工程师或经济师可服务于开发商、承包商、工程监理机构或造价咨询机构。其主要负责在工程建设前进行开发成本估算、工程成本预算，在工程招标阶段编制工程标底，在工程施工过程中负责成本控制、成本管理和合同管理，在工程竣工后进行工程结算。

（5）房地产估价师及房地产经纪人

房地产估价师在房地产交易过程中提供估价服务，在房地产产品租售之前进行估价，以确定其最可能实现的租金或售价水平。估价师在就某一宗房地产进行估价时，要能够准确把握该宗房地产的区位状况、实物状况和权益状况，掌握充分的市场信息，全面分析影响房地产价格的各种因素。房地产经纪人主要是利用自己的专业知识和经验，促进买卖双方达成交易，并在办理交易手续的过程中提供专业服务。当房地产经纪人为房地产企业就新开发项目或旧有房地产进行租售服务时，往往承担了房地产代理的角色，需要协助委托人制定与实施营销与租售策略、确定租售对象与方法、预测租售价格、实施租售过程的管理。

（6）律师

房地产产品的开发建设、交易和使用过程均需要律师参与，为有关委托人提供法律服务。例如，房地产企业在获取开发项目或合作机会的过程中，往往先委托律师提供"法律审慎调查报告"；开发企业在取得建设用地使用权、发包建筑工程、进行融资安排以及租售物业等环节，需要签订一系列的合同或协议，而这些合同或协议在签署前，通常都需要通过房地产企业内部律师或外部签约律师的事先审查。

7. 消费者

每一个人和单位都是房地产市场上现实或潜在的消费者。因为人人都需要住房，每个单位都需要建筑空间从事生产经营活动，而不管这些房屋是买来的还是租来的。消费者在房地产市场交易中的取向是"物有所值"，即用适当的资金，换取拥有或使用房地产的满足感或效用。但如果说市场上的买家，则主要包括自用型购买者和投资型购买者两种。购买能力是对自用型购买者的主要约束条件；而对投资型购买者来说，其拥有物业后所能获取的预期收益的大小，往往决定了其愿意支付的价格水平。

房地产市场的参与者，如图 2-1 所示。

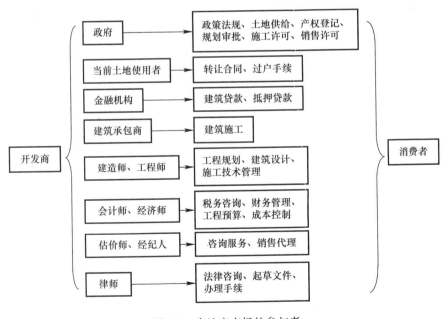

图 2-1 房地产市场的参与者

2.2.2 房地产市场的运行环境

房地产市场的运行环境是指影响房地产市场运行的各种因素的总和。在整个市场经济体系中，房地产市场并不是孤立存在的，它时刻受到社会经济体系中各方面因素的影响，同时也会对这些因素产生反作用。按照这些影响因素的性质，可以将房地产市场的运行环境分为以下八类：社会环境、政治环境、经济环境、金融环境、法律制度环境、技术环境、资源环境和国际环境。

（1）社会环境是指一定时期和一定范围内人口的数量及其文化、教育、职业、性别、年龄等结构，家庭的数量及其结构，各地的风俗习惯和民族特点等。

（2）政治环境是指政治体制、政局稳定性、政府能力、政策连续性以及政府和公众对待外资的态度等。它涉及资本的安全性，是投资者最敏感的问题之一。包括国家对房地产业的支持度，制定的政策法规对房地产企业的保护、限制等。

（3）经济环境是指在整个经济系统内，存在于房地产业之外，而又对房地产市场有影响的经济因素和经济活动。例如城市或区域总体经济发展水平、就业状况、居民收入与支付能力、产业与结构布局、基础设施状况、利率和通货膨胀率等。

（4）金融环境是指房地产业所处的金融体系和支持房地产业发展的金融资源。金融体系包括金融政策、金融机构、金融产品和金融监管。金融资源则涵盖了针对房地产权益融资和债务融资的金融服务种类和金融支持力度等。

（5）法律制度环境是指与房地产业有关的现行法律法规与相关政策，包括土地制度、产权制度、税收制度、住房制度、交易制度等。

（6）技术环境是指一个国家或地区的技术水平、技术政策、新产品开发能力以及技术发展动向等。

（7）资源环境是指影响房地产市场发展的土地、能源、环境和生态等自然资源条件。

（8）国际环境是指经济全球化背景下国际政治、经济、社会和环境状况或发生的事件与关系。它是一种动态的过程，是国家以外的结构体系对一国的影响和一国对国家以外结构体系的影响所做出的反应之间的相互作用、相互渗透和相互影响的互动过程。

房地产市场的运行环境中，由社会环境、经济环境和政治环境分别决定的社会因素、经济因素和政策因素，是影响房地产市场发展的基本因素，如表 2-1 所示。

房地产市场的运行环境及其影响因素　　　　　　　　　　　　　　　　　　表 2-1

房地产市场的运行环境	主要影响因素
社会环境	人口数量和结构、家庭结构及其变化、家庭生命周期、传统观念及消费心理、社会福利、社区和城市发展形态等
政治环境	政治体制、政局稳定性、政府能力、政策连续性，政府及公众对待外资的态度等
经济环境	经济发展状况、产业与结构布局、基础设施状况、工资及就业水平、家庭收入及其分布、支付能力与物价水平等
金融环境	宏观金融政策、金融工具完善程度、资本市场发育程度等
法律制度环境	土地制度、产权制度、税收制度、住房制度、交易制度和城市发展政策等
技术环境	建筑材料、建筑施工技术和工艺、建筑设备的进步，信息技术和节能减排技术、可持续发展技术的发展和应用等
资源环境	土地、环境和能源等资源约束
国际环境	经济全球化和国际资本流动

2.2.3 房地产市场的周期循环

由于经济的发展带动或产生了对商业、居住和服务设施的空间需求，从而带来房地产市场的兴起。因此从本质上讲，房地产业的发展是由整体经济的发展决定的。从一个较长的历史时期来看，社会经济的发展体现为周期性的运动。相应地，房地产业的发展也存在周期循环的特性。

1. 房地产周期循环的定义

房地产周期循环是指房地产业活动或其投入与产出有相当的波动现象，且此现象重复发生。

2. 房地产周期循环的原因

（1）经济周期

宏观经济周期的波动是房地产市场波动的基本原因，房地产行业具备周期性的特点，对国民经济的起落极为敏感。这种周期性与市场经济的发达程度密切相关，市场经济越发达，周期性特点越明显。

国民经济较快的发展速度促进了城市经济社会的发展和人民生活水平的提高，使房地产这一基本的生产和生活需求与日俱增，为房地产市场的迅速扩展提供了发展的轨迹和空间。但是一旦国民经济发生波动，首当其冲的必然是房地产业。这主要是由于房地产业本身发展建设需要能源、建筑、机械等众多行业的支持，而且其需求量与国家整体经济形势密切相关。更重要的是房地产开发是负债经营，我国房地产开发企业需要的大量资金大多依靠银行贷款，当经济过热需要宏观调控时，特别是政府严格控制信贷资金时，房地产很快就由繁荣转向衰退。

此外，虽然房地产开发对政策及宏观环境变化比较敏感，但由于房地产开发产品价值量大且从开始运作到最后回收投资、实现利润的一个循环往往持续数年，且有一定实力的开发企业为获得长期稳定的收益往往采取滚动发展的策略，因此即使受到外界环境和政策的制约，其开发高潮仍会在惯性作用下延续一段时间再缓慢回落。从这一角度分析，房地产的发展周期要慢于整体经济的发展周期，在国民经济尚未完成增长周期的情况下房地产业不会先行出现反周期的运动。

（2）房地产投资

房地产投资是房地产周期波动的直接原因。投资具有很强的能动性，房地产投资所形成的资产是房地产市场发展的基本生产要素。投资本身容易发生波动，因为投资房地产有较强的预期性和随机性，如果预期房地产上升则投资会迅速增加，相反投资会急剧减少，而且投资的"加速数"使其波动幅度较大。

从投资与市场的关系来看，房地产投资波动将直接导致房地产市场的波动。房地产投资既决定了房地产项目及产品（主要是房屋）的供给，同时又形成了房地产市场的需求。房地产投资的增长造成可供选择的产品增加、竞争加剧、服务不断提高，市场繁荣度增加也大大提高了需求。可以说，房地产市场的迅速扩大主要是靠投资拉动的；而房地产市场的萎缩、疲软与房地产投资量的减少联系紧密。

（3）城市化进程

城市化进程的快速推进，将极大推动房地产价格的上行波动，其主要原因是城市土地价值由于连续投入开发的不断升值和城市积聚效应带来的房产价值的不断增加。但城市化进程是一种综合性过程，它因时因地因人而发生变化，经济发展程度和国家政策及管理都会极大地影响其结果，就是说城市化并非总是持续上升的过程，在连续过程中很可能会因为经济、政治的原因发生中断或停滞。另外一种情况就是城市化本身蕴含着与之相反的趋势，即在形成积聚的同时也不断地形成分散，从经济学的角度看，城市化进程也有它的边际成本，一旦超大城市的积聚所带来的成本超过其效益，城市化进程自然就会停止。从欧洲和新加坡的发展历史看，城市扩张的最后必然向卫星式的市镇分散，房地产价格也必然发生变化。所以说当城市化快速推进或者发生停滞时，房地产价格必然发生波动。

（4）供求因素

房地产是一种特殊商品。首先是其不动产特性，这一特征不仅决定了房地产商品的弱流动性表现，还使得每件房地产商品都具有其唯一性和特殊性，而对这种唯一性和特殊性的追求往往可能放大价格的供求波动；其次是房地产的资产属性，房地产不仅是一种生产和生活的消费商品，而且具有投资品的特征，这种双重属性往往加剧对房地产商品的目标投向和对它的保值增值预期；还有就是房地产商品的资本附加性很强，它不像普通消费品随着使用价值的损耗和消失而完成价值的消减和转移，它有更长的使用价值年限，并且在追加投入的状况下能够极大地实现价值的增加。这三种特殊属性往往加强了房地产商品的供求——价格关系表现，甚至使之发生扭曲，从而造成比较明显和剧烈的价格波动。

（5）生产者与消费者的心理因素

所有的经济行为都以人类所具有的某种心理状态为依据。在经济活动的扩张、收缩过程中，既有物质性原因，又有心理状态的原因，即人们对未来实际经济状况看法的变动。由于房地产经济活动的特殊性，较其他经济周期波动而言，房地产周期波动的心理因素更为重要，其原因如下：

一是房地产投资者或购买者对未来期望过高。

二是房地产投资者或购买者的从众行为。

三是房地产开发投资的酝酿期长，即从投资决策、施工建造、竣工验收到房屋的销售使用所需要的时间长。

（6）政策因素

政府不但是经济体制改革的推动者和经济制度变迁的供给者，同时还是产业政策的制定者和宏观经济的调控者。

1）从产业管理角度来分析，在不完全竞争和不完全开放的房地产市场上，针对市场失灵而进行的宏观产业调控一旦出现失误，也会形成对房地产经济运行的干扰与冲击。

2）从体制改革角度来分析，也可以看到政府行为对房地产经济波动的影响。在影响房地产供求关系的各种因素中，与房地产有关的经济体制与管理制度也发挥着十分重要的影响作用。

3）与宏观经济运行过程中的政策周期相类似，在经济扩张政策与经济收缩政策的相互交替变动作用下，使得房地产经济也具有明显的政策周期特征，政策因素作为经济周期的外部冲击力量对我国房地产周期波动发挥着重要作用。

（7）其他因素，如市场信息不充分、政治冲击、生产时间落差、季节性调整、总体经济形势等。

其实，造成房地产周期循环的原因是多方面的，也是很复杂的。正是由于房地产市场的这种周期循环特性，造成了房地产投资系统风险中的"周期风险"

3. 传统房地产周期理论的主要内容

传统房地产周期理论的主要内容包括：在市场供求平衡的前提下，房地产市场会正常运作，且这种平衡性会持续一定的时期；在此时期内，投入房地产市场的资金的利润预期保持不变，投资者具有自我调节投资量的能力。房地产市场的发展呈现一种自我修正的周期性，且不同周期之间的时间差异和投资回报差异微乎其微。

传统房地产周期理论的内容，如图2-2所示。

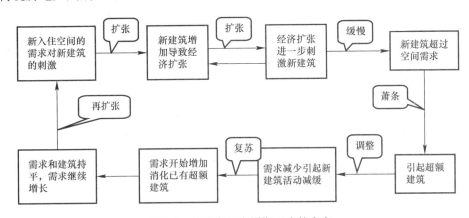

图 2-2　传统房地产周期理论的内容

根据传统房地产周期理论，房地产市场的发展呈现出一种自我修正的模式。在每一个运行周期中，均经过扩张、缓慢、萧条、调节、复苏和再次扩张的过程。具体包括的阶段是：确认对新入住或使用空间的需求，促使新建筑产生；受到新建筑的刺激而导致经济扩张；经济的持续扩张进一步刺激新建筑；新建筑超过空间需求，导致超额建筑；调节，因需求减少而导致新建筑活动剧烈减缓；复苏，需求开始增加而消化已有超额建筑；回复到空间市场供需均衡状况；经济的持续扩张导致对新建筑需求的增加；确认对新入住或使用空间的需求，促使新建筑产生。

4. 分析房地产周期运动的新观念

上述传统房地产周期理论在政治、经济状况基本稳定或预期稳定的情况下，是有效的。但是，众所周知，均衡是瞬间的状态，不均衡才是真实的、永续的。因此，建立在市场均衡前提下的传统的房地产周期理论在实践中不可能得到广泛的应用。从现代房地产周期研究的结论来看：经济扩张与创造就业已不再是线性关系；就业机会增加与空间需求也不再同比增长；经济活动的扩张不再立即绝对导致新建筑增加（如经济复苏不会立即导致新建筑产生）。在一个稳定可预测的经济环境中，了解长期、未来力量及其内涵相对来说并不十分重要，但在不确定、不连续且正处于转变的经济环境中，必须强调对未来可能变化的全盘了解，而不仅是利用过去作预测。

5. 房地产市场的自然周期

不论供给是短缺还是过剩，需求是超过还是少于现存的供给数量，市场机制的作用总能在市场周期运动中找到一个供需平衡点。专家认为，从历史多个周期变化的资料中计算出的长期平均空置率（又称合理空置率或结构空置率），就是房地产市场自然周期的平衡点。从供需相互作用的特性出发，房地产市场自然周期可分为四个阶段：

（1）复苏阶段

在房地产周期波动过程中，复苏阶段是承继萧条阶段而出现的，因此一般经历时间较长。这一阶段的主要特征为：

1）在复苏阶段初期，房地产供给大于需求，房地产交易量不大，投资量也不大，价格与租金水平较低，房价已经明显停止下跌并逐渐有上升势头。

2）经过一段时间的恢复，购房者逐渐增多，少数房地产投机者入市，房地产需求开始上升，房地产交易量有所增加，同时由于建筑成本的增加，房价有所上升，房地产开发投资逐渐增多。随后房地产需求趋旺，刺激房价回升，市场加速复苏。

3）在市场加速复苏的刺激下，人们对房地产市场充满乐观预期，在国家宏观政策对房地产业扩张的形势下，金融机构和房地产投资机构加大对房地产的投资，并带动了与房地产业密切相关的多个行业快速发展。同时房地产投资者大量涌入市场，房地产市场交易量快速上升，价格上涨，房地产空置率大幅下降，土地市场开始活跃。

（2）繁荣阶段

经过复苏阶段后，房地产周期波动便进入繁荣阶段，并达到周期循环的波峰，这一阶段持续时间相对较短。这一阶段的主要特征是：

1）房地产开发企业进一步加大对土地及物业开发项目与建设数量的投资，房地产市场的高额利润吸引了众多其他行业企业纷纷前来投资。于是市场供给大量增加，市场交易数量激增，房价越涨越高。

2）房地产需求进一步增加，由于房地产投机者的增长速度快于自用购房者的增长速度，炒房行为导致房价高涨到市场无力承担的程度，真正自用购房者被迫退出市场，房地产空置率开始增加，房地产泡沫逐渐形成并不断加大，政府开始出台一系列限制炒楼的政策措施。

3）随着政府出台的收缩政策开始发生作用，房地产投资利率提高、运营费用增加等原因导致房地产投资总量开始出现回落，房地产供给减少。同时，房地产销售市场达到饱和极限，房地产交易量明显下降，空置率现象增加，销售价格开始回调。在这一时期，人们开始对房地产市场产生悲观预期。

（3）衰退阶段

由于房地产供给量减少，销售难度加大，自用购房者需求减少，房地产周期由盛转衰，这预示着房地产衰退阶段的到来。这一阶段主要特征为：

1）随着房地产紧缩政策效应的进一步显现，房地产投资回报率下降、投资风险加大，房地产投资额下降，新开工的房地产项目急剧减少，房地产市场的交易价格和交易数量两个方面都出现萎缩、衰退的趋势。

2）由于自用购房者被迫挤出市场，有效需求降低，房地产投机者转手困难，房地产价格开始急剧下跌。因此，房地产交易在大幅度回调的低价格水平和低交易数量的基础上维持。

3）由于房价大幅下降，交易数量锐减，房地产企业的利润大幅下调，导致一些实力较差、抗风险能力较弱的开发商因资金债务等问题而宣告破产。

（4）萧条阶段

经过衰退阶段之后，房地产周期便进入持续时间相对较长的萧条阶段。这一阶段的主要特征是：

1）房地产销售价格和租金水平继续沿着衰退阶段的跌势下降，房地产交易量进一步减少，空置率居高不下，房地产企业破产现象更为普遍，房地产泡沫完全破灭。

2）在房地产业总体水平加剧下滑之后，由于受到房地产开发成本以及房地产正常需求水平的双重支持，房地产市场从急剧下降转变为波动相对平稳的阶段。同时政府也逐渐减少对房地产的限制性政策干预，部分放宽对房地产投资、交易等方面限制，以期待房地产市场有所稳定或回升。

房地产市场的周期循环规律，如图 2-3 所示。

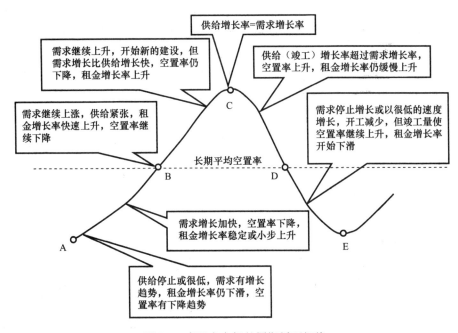

图 2-3　房地产市场的周期循环规律

6. 房地产市场的投资周期

随着自然周期的运动，投资于房地产市场上的资金流也呈现出周期性变动，形成投资周期。

（1）当房地产市场自然周期处在谷底并开始向第一阶段运动的时候，很少有资本向存量房地产投资，更没有资本投入新项目的开发建设。在这段时间，市场上只有可以承受高风险的投资者。由于租金和经营现金流已经降到最低水平，存量房地产的价格达到或接近了最低点。承受不住财务压力的业主或开发商会忍痛割售，大量不能归还抵押贷款的物业会被抵押权人收回拍卖。

（2）随着自然周期运动通过第一阶段，投资者对投资回报的预期随着租金的回升而提高，部分投资者开始小心翼翼地回到市场当中来，寻找以低于重置成本的价格购买存量房地产的机会。这类资本的流入使房地产市场通过平衡点，并逐渐使租金达到投资者有利可图的水平。在自然周期第二阶段的后半段，由于投资者不断购买存量房地产和投入新项目开发，资本流量显著增加。

（3）当自然周期到达其峰值并进入第三阶段的时候，由于空置率低于平衡点水平，投资者继续购买存量房地产并继续开发新项目。由于资本不断流向存量房地产和新项目的开发，所以此时房地产市场的流动性很高。当投资者最终认识到市场转向下滑时，就会降低对新项目投资的回报预期，同时也降低购买存量房地产时的出价。而存量房地产的业主并没有像投资者那样快地看到了未来市场会进一步下滑的风险，所以其叫价仍然很高，以致投资者难以接受，导致房地产市场流动性大大下降，自然周期进入第四阶段。

7. 房地产市场自然周期和投资周期之间的关系

房地产市场的自然周期和投资周期是相互联系和相互影响的，投资周期在第一阶段和第二阶段初期滞后于市场自然周期的变化，在其他阶段则超前于市场自然周期的变化。当资本市场投资可以获得满意的投资回报时，投资者拟投入房地产市场的资本就需要高于一般水平的投资回报，使资本流向房地产市场的时机滞后于房地产市场自然周期的变化，导致房地产市场价格下降，经过一段时间后，房地产市场上的空置率也开始下降。

如果可供选择的资本市场投资收益率长期偏低，例如投资者在股票和债务市场上无所作为时，有最低投资收益目标的投资者就会在并非合适的市场自然周期点上，不断地将资金（权益资本和借贷资本）投入房地产市场中的存量房地产和新开发建设项目，以寻找较高的投资收益。这样做的结果，使初期房地产市场价格上升，经过一段时间后，房地产市场上的空置率也开始上升。

2.2.4　房地产市场中的泡沫与过热

1. 房地产泡沫

（1）房地产泡沫的定义

查尔斯·P·金德尔伯格（Charles P Kindle Berger）在为《新帕尔格雷夫经济学辞典》撰写的"泡沫"词条中写道："泡沫可以不太严格地定义为：一种资产或一系列资产价格在一个连续过程中的急剧上涨，初始的价格上涨使人们产生价格会进一步上涨的预期，从而吸引新的买者——这些人一般是以买卖资产牟利的投机者，其实对资产的使用及其盈利能力并不感兴趣。随着价格的上涨，常常是预期的逆转和价格的暴跌，由此通常导致金融危机。"

房地产泡沫是指由于房地产投机引起的房地产市场价格与使用价值严重背离，脱离了实际使用者支撑而持续上涨的过程及状态。房地产泡沫是一种价格现象，是房地产行业内外因素，特别是投机性因素作用的结果。

（2）房地产泡沫的成因

房地产作为泡沫经济的载体，本身并不是虚拟资产，而是实物资产。但是，与虚拟经济膨胀的原因相同，房地产泡沫的产生同样是由于出于投机目的的虚假需求的膨胀，所不同的是，由于房地产价值量大，这种投机需求的实现必须借助银行等金融系统的支持。

一般来说，房地产泡沫的成因，主要有三个方面：

1）土地的有限性和稀缺性

房地产与老百姓和企事业单位的切身利益息息相关。居者有其屋是一个社会最基本的福利要求，老百姓对居住条件的要求是没有穷尽的；而与企事业发展相关的生产条件和办公条件的改善也直接与房地产密切相关。由于土地的有限性，从而使人们对房地产价格的上涨历来就存在着很乐观的预期。当经济发展处于上升时期，国家的投资重点集中在基础建设和房屋建设中，这样就使得土地资源的供给十分有限，由此造成许多非房地产企业和私人投资者大量投资于房地产，以期获取价格上涨的好处，房地产交易十分火爆。加上人们对经济前景看好，再用房地产作抵押向银行借贷，炒作房地产，使其价格狂涨。

2）购房者过度投资

从目前的情况来看是有钱的人从银行拿钱炒房，没钱的人从银行借钱炒房，中国已经出现了全民炒房的现象。炒房者购房的目的是为了获取买卖价差之间的利润，心理预期房价还将继续上涨，愿意出高价购买原本就已经价格很高的房地产，使得房地产的价格越抬越高。这正如日本金融专家在描述 1988 年开始的地价与股价暴涨时的公众行为所写"人们不断地参与购买土地和股票，认为只有这种购买，虽然说不清原因，但价格决不会崩溃。事实上，地价和股价确实上涨，这又诱使人们接着购买。这正是典型的'泡沫'的产生"。而购房者中还不乏一些恶意炒作者，故意哄抬房价，造成供不应求的假象，使得泡沫成分更加突显。房地产投资的过度增长使得房地产投资的增长速度远远超过了城市化进程的速度，就容易造成市场供给与需求的严重不平衡，房屋空置率高，也会导致房地产价格急剧下跌，泡沫破灭。

3）银行信贷非理性扩张

克鲁格曼认为在房地产市场中"所有的泡沫都有一个共同点，即都是由银行融资的"。由此可见，银行在房地产泡沫的形成与发展中扮演了重要的角色。由于价值量大的特点，房地产泡沫能否出现，一个最根本的条件是市场上有没有大量的资金存在。因为没有银行信贷资金的支持，房地产业很难积聚大量的资金，没有资金的支持，泡沫也就无从谈起。

从自身利益考虑，银行也是盈利企业，而向房地产市场发放贷款所获得的利率往往要高于其他优质公司可获得的贷款利率，所以即使有非常严格的政策调控，银行也非常乐意发放房地产贷款。另外，由于房地产是不动产，容易查封、保管和变卖，使银行部门认为这种贷款风险很小，在利润的驱动下银行也非常愿意向房地产投资者发放以房地产作抵押的贷款。此外，由于数据的缺乏、银行对危机的短视、不正当激励机制等使得银行部门过于乐观地估计抵押物的价值，从而加强了借款人投资于房地产的融资能力，进一步地加剧了房地产价格的上涨和产业的扩张。

（3）房地产泡沫的危害

1）造成经济结构和社会结构失衡

房地产泡沫的存在意味着投资于房地产有更高的投资回报率。在泡沫经济期间，大量的资金向房地产行业集聚，投机活动猖獗。

2）导致金融危机

房地产业与银行的关系密切，主要是由房地产业投入大、价值高的特点决定的。一旦房地产泡沫破裂，银行就成为最大的买单者。银行与一般企业不同，安全性对其来说特别重要。一般生产性企业的倒闭只是事关自身和股东，对其他主体的影响较小。而银行的倒闭不仅仅是这家银行自身的事情，而且往往会引起连锁反应，使其他银行也面临挤兑风险。

3）造成生产和消费危机

房地产泡沫的破灭往往伴随着经济萧条、股价下跌等。地价和股价下跌也使企业承受了巨大的资产损失。企业收益的减少又使得投资不足，既降低了研究开发投资水平，又减少了企业在设备上的投资。生产的不景气又导致其雇佣居民实际收入的下降。企业倒闭意味着大量的员工失业，收益的下降也要不断裁减人员。居民由于经济不景气和个人收入水平的下降，因此会减少当期的消费，个人消费的萎缩又使生产消费品的产业部门陷入困境。

4）引发政治和社会危机

随着房地产泡沫破裂和经济危机的发生，大量的工厂倒闭，失业人数剧增。在金融危机下，犯罪案件激增。由于人们对日益恶化的经济危机感到不满，社会危机逐渐加剧。

（4）房地产泡沫的衡量

我们可以从多个角度，来考察房地产市场上是否存在价格泡沫。

1）房价收入比。房价收入比是商品住宅平均单套销售价格与居民平均家庭年收入的比值，主要从房价的家庭支出承受能力的角度进行衡量，比值越高，表明居民的支付能力越低，房地产市场存在泡沫的可能性越大或房地产泡沫越严重。

2）房地产投资/全社会固定资产投资的比率。该指标是衡量房地产泡沫最为直接的指标。在房地产泡沫高涨的时候，房地产投资增长率肯定持续高涨，并且应该高于固定资产的整体投资增长率，进而带动固定资产投资的高涨。一般国际公认的房地产投资占全社会固定资产投资比重的警戒水平为10%。

3）房价增长率/GDP 增长率的比率。该比率越大，意味着房地产的泡沫越大。理论认为，房价与各地区 GDP 增长密切相关，随着 GDP 的增长，房价会随之上涨。影响路径在于：GDP 的增长促使国民收入上涨，也即居民个人可支配收入会增加。一方面居民有更多资金投资房地产，用于刚需性和投机性房产购买行为，房地产需求增加，同时房地产短期供给缺乏弹性，致使房价上升；另一方面，居民将剩余资金存入银行，促使银行增加房地产业的信贷供给，进而加速房价上涨。

另外，"实际价格/理论价格"、"房地产价格指数/居民消费价格指数"、"个人住房抵押贷款增长率/居民平均家庭收入增长率"、"房地产投资需求/房地产使用需求"等指标，都从某一个侧面反映了房地产泡沫的程度。由于房地产泡沫总量的复杂性，很难用单一指标来衡量房地产市场上是否存在价格泡沫，因此国际上通常用综合上述指标给出的房地产泡沫指数，来反映房地产市场价格泡沫的程度，减少了主观因素对有关结论的影响。

2. 房地产过热

（1）房地产过热的定义

房地产市场中的过度开发有时也称为房地产"过热"，是指当市场上的需求增长赶不上新增供给增长的速度时，所出现的空置率上升、物业价格和租金下降的情况。

（2）房地产过热的原因

房地产过热的原因主要有三个方面，即开发商对市场预测的偏差、开发商之间的博弈和非理性行为以及开发资金的易得性。

1）开发商对市场预测的偏差

开发商在进行开发决策时，会对市场上的需求状况进行预测。他们在预测时，总是在很大程度上依赖于目前市场上的销售和价格情况。即使当前市场上的热销和价格上涨只是暂时的现象，他们也很容易会认为这种繁荣景象能够长久持续下去，于是造成对未来需求过分乐观的估计。研究表明，对未来需求预测的偏差程度基本上与目前市场价格增长速度正相关，即目前市场价格增速越快，对未来估计中过分乐观的程度就会越大。这时，开发商往往会加大投资，大批项目上马，待到竣工时，市场形势已经不如所预期的那样喜人，就容易产生房屋积压、空置率上升的过度开发现象。

2）开发商之间的博弈和非理性行为

开发商之间的博弈和非理性行为也会加剧这种市场过度开发的情况。开发商只要一看到市场机会就会迫不及待地去投资开发，殊不知有时这些市场机会是有限的，只需少量开发商的介入就能满足；但是每个开发商都想抢先得到市场机会，而不会进行内部协调，于是一哄而上，生怕自己被落下了；况且如果已经得到土地，与其将土地空置产生机会成本，还不如赶快开工建设，这种非理性的行为往往会使过度开发现象更加严重。

3）开发资金的易得性

从获取开发资金的难易程度来看，如果开发商很容易获得资金支持，而投入较少的自有资金，他们在进行投资决策时往往会缺乏仔细和审慎的考虑，从而产生道德风险。特别是目前我国的开发商融资渠道单一，无论是开发贷款还是预售商品住宅抵押贷款基本都是从商业银行获得，这种高杠杆式的融资方式，再加上房地产市场中信息不完全的程度较高，对高利润的追求将会使开发商难以对市场做出客观和冷静的判断。

3. 房地产泡沫和房地产过热的区别与联系

（1）房地产泡沫和房地产过热的区别

1）过热和泡沫是反映两个不同层面的市场指标。房地产过热反映市场上的供求关系，当新增供给的增长速度超过了需求的增长速度，就产生了过度开发现象；而泡沫则是反映市场价格和实际价值之间的关系，如果市场价格偏离实际价值太远，而且这种偏离是由于过度投机所产生的，房地产泡沫就出现了。

2）过热和泡沫在严重程度和危害性方面不同。房地产泡沫比房地产过热的严重程度更高，危害更大，属于房地产市场不正常的大起大落。房地产泡沫一旦产生，就很难通过自我调整而回复至平衡状态。

3）房地产过热和房地产泡沫在周期循环中所处的阶段不同。如果投机性泡沫存在的话，往往会出现在周期循环的上升阶段。房地产过热一般存在于循环的下降阶段，这时供给的增长速度已经超过需求，空置率上升，价格出现下跌趋势。也就是说，当泡沫产生时，市场还处在上升阶段；而出现过热的现象时，市场已经开始下滑了。从另一个角度来说，如果泡沫产生，就必然会引起房地产过热；但房地产过热却不一定是由泡沫引发的。

4）从市场参与者的参与动机来看：过热表现为投资者基于土地开发利用的目的而加大投资，通常是为获得长期收益；而泡沫则表现为市场参与者对短期资本收益的追逐，他们不考虑土地的用途和开发，通常表现为增加现期的购买与囤积，以待价格更高时抛出。

（2）房地产泡沫和房地产过热的联系

房地产泡沫和房地产过热，都是用来描述房地产市场中房地产实际价格对房地产基本市场价值的偏离，是房地产价格中非基本价格的不同程度的体现，这是两者的共同点。"过热"不一定就产生泡沫，但"过热"是市场产生"泡沫"的前提，也是诱因之一。如果在房地产周期循环的上升阶段，投机性行为没有得到有效抑制（包括市场规则和政府政策），市场信息的不透明程度较高，且开发商的财务杠杆也比较高，那么开发商做出非理性预期的可能性就比较大且投机性行为容易迅速蔓延，在这种情况下房地产泡沫比较容易产生，同时会伴随过度开发、银行资产过多地向房地产行业集中等现象。

2.3　政府对房地产市场的干预

政府合理确定自己在房地产市场运行中的角色，着眼于建立市场运行规则和监督规则的执行，是政府对房地产市场实施有效管理的关键。政府管理房地产市场的主要职能，应该是实施有效的宏观调控和按市场发育程度建立清晰完备的法制系统，保障房地产市场参与者的合法权益，使房地产市场的动作纳入法制的轨道。

2.3.1　政府干预房地产市场的原则

政府政策应具有的共同特征是：公平、效率、连续、系统、协调、前瞻性和引导性。政府干预房地产市场的政策也不例外。但由于房地产特殊的位置固定性、价值昂贵性和耐久性，对干预其发展的政策也具有相应的特殊原则。

1. 目标的确定性

政府干预房地产市场的政策必须有明确的目标。政策的预评价首先要考察这些目标的必要性和可行性；政策的后评价则要分析这些目标的实现程度、实际受益者是否与目标受益者相吻合、是否有负面作用等。这些目标通常包括：

（1）使存量房地产资源得到最有效的使用。在任何时候，都有一个房地产存量来满足当前的生产生活需要。政府通常更关注新建商品房的入住情况，忽视存量房地产的空置问题；或对两者的重视程度不匹配，这就很难使存量房地产资源发挥最大的效用。

（2）保证为各类生产生活需要提供适当的入住空间。以住宅市场为例：长期的住房政策必须有改善住房质量的目标，必须对家庭居住偏好（在住宅产权、类型、位置）加以考虑，政府应允许超过需要数量的住宅剩余存在，因为空置住宅作为住宅市场上的"蓄水池"，可为居民变更住所提供方便，迫使已不符合居住标准的住宅被及时淘汰，满足部分家庭对拥有第二住所的需要。

（3）引导新建项目的位置选择。在选择新建项目位置时，要考虑当前不同类型物业的短缺情况、就业机会和物业需求的未来变化、当前的基础设施状况和城市总体规划的要求，以避免或减少新建项目空置。

（4）满足特殊群体的需要。例如，在城市住宅建设中，某些家庭，如老人和残疾人等，对住房有特殊的要求，政府必须有与之相关的政策，从建设、分配和使用等方面做出特殊安排，以满足其住房需要；又例如，随着新经济即知识经济时代的到来，发展高新技术，就成为提高中国综合国力的重要手段，因此对于高新技术产业发展所需要的土地，就需采取特殊的优惠政策。

2. 政策的连续性与协调性

政策的连续性与协调性，首先要求体现新旧政策的衔接。新的干预市场的政策必须建立在总结历史经验教训的基础上，而不是一味地全盘否定或沿袭旧政策；同时，还要紧紧围绕政策的终极目标，系统而全面地制定分阶段的措施。

其次，还要体现与相关政策的衔接配套。处在改革发展中的中国经济，有许多政策总量纷繁复杂。例如，土地使用制度改革政策，就牵涉到企业制度的调整、住房制度的改革；而住房制度的改革，更涉及一系列相关制度如工资制度、人事制度、户籍制度等的改革，可以说，住房制度的变革牵一发而动全身。

最后，还应体现多元性与系统性的统一。目前，我国正处于建立社会主义市场经济的初级阶段，社会成员的阶层差异日益突现。从富裕阶层到贫困阶层的客观存在和各阶层人员观念的差异，要求相应的政策具备多元化的特征。同时，房地产市场作为一个有机的整体，要求政府政策必须完整统一，以利于房地产市场的协调发展。

3. 政策的针对性和导向性

政府除了制定宏观的调控政策外，还必须针对不同类型物业的供给、分配和消费途径，制定具有针对性的具体政策。同时这种政策还要有明确的导向性，以帮助市场的参与者准确把握自己的行为取向。

4. 政策的公平性和效率

公平和效率及其相互协调，是评价政策的重要方面。政府制定政策的原则是：既要通过资源和利益的公平分配来维持社会的稳定；又要通过资源的优化配置来推动社会的进步和发展。然而，公平和效率常常是矛盾的，有时为了确保基本的公平，要牺牲一定的效率；有时为了保证效率又不得不放弃必要的公平。如何处理好其相互关系，是政府制定政策的重点和难点。

2.3.2 政府宏观调控房地产市场的手段

对于一个完善的房地产市场而言，市场的自由运作非常重要。政府的土地政策，不能过分参与及干预房地产市场的自由运作。这样才能保证本地及外来投资者对当地房地产市场的信心，进而保证房地产市场的稳定发展以及整个社会经济的安定繁荣，但是宏观调控也非常重要。宏观调控房地产市场的手段包括土地供应计划、价格、税收政策等。

1. 土地政策

无论是宏观经济的计划指导，还是市场运行过程中的调控，土地供应计划的作用都十分大。没有土地供应，房地产开发和商品房供给就无从谈起。在我国现行土地制度下，政府是唯一的土地供给者，政府的土地供应政策对房地产市场的发展与运行有决定性影响。

土地政策对房地产市场的影响主要包括两个途径：一是土地价格对房价的影响，土地价格是房价的成本之一，土地价格的增加会引起房地产开发企业的成本增加，房地产企业的投资规模下降，房地产市场的供给减少，最终影响房价。相反，土地价格下降，供给增加。其次，土地供应量对房地产价格的影响，土地供应量决定房地产开发企业可开发的土地量，影响房地产企业的投资规模，从而影响房地产市场的供给，最终影响房地产价格。

2. 住房政策

目前我国城市住宅的供给主要有三类，即廉租房、经济适用房和市场价商品住宅。其中，廉租房面向最低收入家庭，其供应、分配和经营完全由政府控制，廉租房不能进入市场流通；经济适用房是具有社会保障性质的政策性商品住房，政府对其建设在土地供应和税费征收上给予很多优惠，但其销售价格和销售对象，要受政府的指导；市场价商品住宅则采取完全市场化的方式经营、是城市房地产市场的主要组成部分。如果政府对廉租房和经济适用房的供给和分配政策控制不严格，就会使市场价商品住宅受到前两类住宅的冲击。政府的住房分配和消费政策，对商品住宅市场的调控作用也是显而易见的。

3. 金融政策

房地产业与金融业息息相关。金融业的支持是房地产业繁荣必不可少的条件，房地产信贷也为金融业提供了广阔的发展天地。对房地产而言，由于所需资金投入规模较大，仅靠自有资金难以完成房地产的开发，因此金融政策直接影响着房地产的供给变化。金融政策表现最为突出的主要是货币供应变动和利率变动。

当货币供应量增加时，利率下降，银行贷款可供量增加，开发商增加开发贷款需求，住房供应增加，购房者购房活跃。随着房地产需求上涨，受短期房地产供给刚性影响，房价上涨，交易量增加，房地产市场进入扩张期。随后价格上升导致货币贬值，在房地产保值升值效应带动下，会加快房地产经济进入严重的通货膨胀阶段。如果货币供应增长低于房地产商品流通对货币的需求限度，就会出现有效需求不足，导致商品房积压，房地产经济处于萎缩阶段。

利率对房地产经济的影响首先体现在两个方面：一是对房地产开发投资的影响，利率的高低会直接影响开发成本和利润；二是对房地产消费的影响，利息高低影响到消费者的贷款信心、还款压力和支付能力等。

此外，外商投资政策、房地产资产证券化政策以及房地产资本市场创新渠道的建立，也会通过影响房地产资本市场上的资金供求关系，进而起到对房地产开发、投资和消费行为的调节作用。因此，发展房地产金融，通过信贷规模、利率水平、贷款方式、金融创新等金融政策调节房地产市场，是政府调控房地产市场的一个重要手段。

4. 税收政策

房地产税收政策是政府调控房地产市场的核心政策之一。正确运用税收杠杆不但可以理顺分配关系、保证政府土地收益，还可以通过税赋差别体现政府的税收政策和产业政策，进而对抑制市场投机、控制房地产价格、规范房地产市场交易行为等方面起到明显的作用。例如，美国通过免除公司所得税这一税务优惠政策，推动了房地产投资信托行业的发展壮大。世界上许多国家和地区，通过个人购房税务优惠政策，有效推动了住房自有率的提高。我国 1998 年以来也曾成功运用降低契税的措施，促进了住房二级市场的发展；在 2005 年初运用交易环节的营业税和契税政策，有效遏制了商品房市场上的投机需求和对高档豪华住宅的需求；还从 2003 年开始研究物业税的相关政策，准备通过物业税制度的实施，来调整居民和机构拥有房地产资产的行为，减轻地方政府对土地使用权出让收入的依赖，建立起一个长期稳定的地方政府财政收入来源渠道。

5. 城市规划

城市规划以合理利用土地、协调城市物质空间布局、指导城市健康有序地发展为己任，对土地开发、利用起指导作用。原有的城市规划带有传统计划经济的色彩，市场经济体系建立后，其科学性、适用性都面临着严峻的挑战。我国部分城市如深圳特区已开始进行城市规划图则体系的改革，将规划分为发展策略、次区域发展纲要、法定图则、发展大纲图和详细蓝图等五个层次，高层次的规划应能指导土地的开发和供应，低层次的细部规划应能为土地出让过程中确定规划要点提供依据。整个规划力求体现超前性、科学性、动态性和适用性。

实际上，社会经济发展计划、城市规划、土地供应计划都对土地配置，因而也对房地产市场的运行起重要作用，政府供应土地的过程应是具体实施国民经济计划、城市规划的过程。面对日益发育的市场环境，三个计划除改善各自的技术、观念和管理方式外，有必要相互协调，形成土地配置及调控房地产市场的计划体系。

【思考题】

1. 房地产市场的运行环境包括哪些方面？
2. 房地产市场的参与者有哪些？其角色是什么？
3. 如何对住宅市场进行细分？
4. 房地产周期循环的各个阶段有什么特点？
5. 房地产市场中的泡沫与过热有哪些区别？如何分析判断你所熟悉的当地房地产市场？
6. 政府干预房地产市场的手段有哪些？这些手段如何发挥对市场的调控作用？
7. 提高银行贷款利率对房地产市场的供求会产生什么样的影响？

【实训题】

1. 面对金融危机，"他"是怎么样做的？

请查找相关资料，以任一房地产企业为例，描述"他"是如何在金融危机中挣脱出来，并走向成功。

2. 与一名房地产专业人士交谈，请他结合自身经验谈谈房地产市场分析的作用及如何做好房地产市场研究。

3. 以小组为单位，对你所在的城市的某一类型房地产市场进行研究，分析宏观调控政策对这类市场的影响。

第3章　住宅市场投资分析

学习目标

1. 了解区位、城市区位、城市住宅区位的概念；
2. 掌握住宅区位选择的影响因素；
3. 熟悉住宅市场环境分析的具体内容；
4. 掌握项目市场定位、客户定位、产品定位；
5. 熟悉住宅项目可行性研究的步骤。

3.1　住宅项目区位分析

3.1.1　区位与住宅区位

1. 区位

区位源于德语 standort 一词，后译成英文 location，表示"场所"、"位置"等意义。区位概念所反映的不是单纯的绝对的地理位置，而是指具有相对意义的经济地理位置，它反映人类活动的空间分布及其相互关系。区位是制度、经济、技术等多种因素综合作用的产物。

2. 城市区位

城市区位可以分为两个层次，即宏观城市区位层次与微观城市区位层次。所谓宏观城市区位，是指城市作为一个整体在全国经济发展、城市体系及对外开放格局中所处的区位。微观城市区位则是指城市内部区位，是城市内部制度、经济及技术要素综合作用的结果。

3. 城市住宅区域

住宅的区位所代表的，首先是住宅的地理位置，同时还包含了该地理位置的一种属性，即满足居住在该处的居民对于经济方面和非经济方面的要求的程度。形象地说，就是指住宅所坐落的具体地理位置和由此位置所产生的导致居住者就业、接受教育、就医、进行娱乐等出行活动所需要付出的有形和无形成本，以及该地理位置在自然环境及社会人文环境等方面对于居住者的身心等方面的影响。因此，住宅的区位，是一个多维度的概念，从不同的角度分析，据有不同的内涵。

城市区位的两个层次对于住宅房地产开发投资决策有着不同的意义。一个城市的宏观区位的优劣，直接影响乃至决定着该城市住宅房地产项目开发的速度与规模。而微观城市区位则直接影响到一个城市地域内住宅房地产开发的空间分布，从而对城市总体布局的实施和城市用地结构的调整产生重要的影响。

3.1.2 住宅区位选择的影响因素

进行住宅开发项目区位选择时，应从消费者即家庭对住宅位置选择的角度出发。家庭对住宅的选择，不是为了获得最大的利润，而是为了获得最大的效用。因此在进行住宅项目选址时，应该考虑影响消费者选择住宅的因素，同时要遵循一定的原则。

1. 自然环境

对于住宅区位来说，自然环境条件是一个至关重要的影响因素。此处所指的自然条件，从宏观上说，一般包括污染的情况和常年的自然风向，从微观上说，就包括光照情况，空气污染程度，噪声污染的程度等，同时要考虑绿化率，建筑密度等建筑指标，此外，还会涉及居住区域是否接近适合居住和休闲的自然景观如城市绿地，森林，河流或者山麓等。

对于住宅来说，其在使用过程中是否能满足居住者的生活需求，所处的自然环境就扮演着重要的角色。在我国，古人强调"天人合一"的思想，即人和自然要达到和谐统一，相互包容的境界。由此可见，人类很早就认识到，优美的自然环境，对于人们的日常生活起居，有着积极的影响，对于促进居住者的身心健康，也有着明显的作用。只有在适合居住的自然环境中，人们才能够得到健康生活的条件，离开了基本的自然环境，就会在生理上和心理上对人产生不良影响。普通商品住宅主要通过市场渠道进行流通，针对的是社会中高等收入人群，其建设标准应该满足消费者的居住需求，这对于保证使用者的权益，促进住宅市场繁荣，增进社会的整体福利水平，都是非常关键的。

根据这个原则，可以认为，进行住宅建设选址的时候，最好选择空气及水土无污染、无电磁辐射，地形地貌平整易布局，地势位于城市上风区，绿化程度较高的区域。而周边如果有好的景观如公园、绿化带、海景或水库、山体则更佳。

2. 社会环境

住宅区域要有良好的社会文化环境，包括主要聚居群体、日常社会交流的团体、完善的文化娱乐设施、纯正的民风以及良好的治安条件等。任何阶层的居民都倾向于选择周边居民素质较高、社会治安良好的住宅区。住宅区位的社会环境要在满足居民日常交流、娱乐的基础上尽力创造良好的社区文化氛围，打造和谐住宅区位环境，同时保证区位环境能够给居民足够的安全感。人人都愿意选择城市中心地带、各类设施齐全、社会治安良好的区位生活，因此这类地区的房价也会居高不下。

3. 交通条件

交通历来被视作推动城市经济、区域经济迅速发展的催化剂，其重大作用体现在不仅缩短各地间的地理距离，而且缩短了各地间的时间距离、经济距离，最终结果便是区位的变化——交通沿线往往是城市要素集聚的热门区域。

住宅项目选址时要充分考虑周边交通是否便利，如距公共汽车站、地铁站、轻轨站的距离，除了考虑空间上的直线距离外，还必须考虑所使用的交通系统和实际的交通距离、通行时间和运输费用等。特别是对于我国普通城市居民而言，由于经济条件所限，家庭汽车保有量不高，对公共交通系统的依赖性很强。从家庭中主要劳动力的就业，到老年人享受医疗服务以及子女接受教育，都是需要公共交通设施为其提供出行支持。因此，对于住宅小区来说，需要其周围有足够数量的可供通行的道路，同时还需要与此配套的完善的公共交通线路。如果在住宅小区的附近原本没有完善的交通运输体系，那么，就应该根据具体的情况建立合适的大众交通快捷运输系统，比如轻轨，地铁，公交车等，这样就为居民的出行提供便利，从而使住宅的适用性得到坚实的保证。

4. 配套设施

配套设施包括基础设施和公共设施。

（1）基础设施。主要指给水、排水、供电、通信、热力、燃气等与生活基本条件有关的设施。城市基础设施是城市建设的载体和支撑体系，是城市维持经济与社会活动的前提条件，是城市存在和发展的基础保证，也是城市现代化的重要体现。现代城市不论性质、规模，基础设施的构成大体上一致，可分成城市供水与排水系统、城市能源系统、城市交通系统、城市通讯系统、城市环境系统、城市防灾系统等六大系统。完善的、现代化程度较高的基础设施为居民的生活带来方便，房地产的价值自然提高。

（2）公共设施。主要指与日常生活密切相关的学校、幼儿园、医院以及除商业中心以外的超市、便利店、菜市场等。随着居民物质生活水平的提高，其在精神生活方面的要求也越来越高。居民对居住小区周围的配套设施要求已不再满足简单的购物要求。在选择居住小区时，特别是在城市旧区改造建设的居住小区，小区周围的教育设施、娱乐设施、医疗保健设施等的情况及水平已逐渐被作为必要因素加以考虑。尤其是教学质量好的学校附近的居住小区明显受欢迎，小区售价也高于同等条件的小区。

公共配套设施的配备是住宅项目的生命线，是住宅项目选址时必须考虑的细部因素。为此，城市居住小区在选择区位时，应综合考虑小区周边的商业、教育、娱乐、医疗和其他设施的情况，尽量使小区周围城市配套设施完善，充分满足居民的各方面要求。

5. 增值潜力

住宅区位的增值潜力需要综合上述所有影响住宅区位选择的因素分析，综合效应越好，那么住宅区的增值潜力则越大。选择具备增值潜力的住宅区位不仅有利于住宅开发商获取更多的利润，从长远发展来看，提高企业建立自身的声誉，而且能够为业主提供稳定的回报。考察城市住宅区位的增值潜力要结合我国产业布局、该城市未来总体规划以及居民对住宅区位的需求状况，选择符合城市规划功能分区，易于建立新住宅、完善附属配套设施的区位，保证所选住宅区位增值的可持续性。

3.2　住宅市场环境分析

3.2.1　区域市场分析

区域市场分析主要考察整个区域经济环境、判断该区域住宅市场处于何种发展阶段，找到影响住宅市场变化的主要因素，对区域住宅市场发展前景进行预测。

1. 区域经济环境分析

区域经济环境分析的内容主要包括：

（1）目标项目所在城市在全国经济圈中所处的地位以及所处经济圈的基本情况。城市所处经济圈的基本情况影响着一个城市的经济活力，城市所处经济圈中的地位决定了一个城市的区域分工及产业结构。

（2）城市的 GDP 总额、人均 GDP、城镇居民人均可支配收入等情况。城市 GDP 总额决定了一个城市的经济实力，人均 GDP 和城镇居民人均可支配收入决定了这个城市商品住宅市场潜在需求者的消费能力或在住宅消费上的支付能力。

（3）城市产业结构及布局规划。产业结构决定了这个城市现在及将来的住宅消费者的住房需求偏好和需求能力，产业布局规划则对城市未来几年的经济发展有着重要的影响。

2.区域政策环境分析

房地产市场受政策的影响十分明显，作为房地产市场中最主要的组成部分之一住宅市场，受政策影响的效果尤为显著。在进行住宅投资时，需要对开发、消费、流通等各个环节的政策环境进行分析。

（1）开发环节的政策

住宅开发环节的政策分析主要包括土地出让政策、住房供给结构政策（如"新国五条"）、加大普通商品住宅用地的供应比例政策、开发贷款政策、开发企业项目资本金比例政策、开发企业土地增值税政策等。

此环节政策对住宅市场的影响，主要体现在对商品住宅的供给成本的影响，从而影响商品住宅市场的供给量。

（2）流通环节的政策

包括税收政策（如房产税、契税、营业税、个人所得税等政策的变化）、金融政策（首付比例、贷款利率、二套房贷款政策等变化）、住房政策（如所在城市的限购政策、保障性住房的供应比例等）。

此环节的政策变化对住宅市场的影响，主要体现在消费者对住宅市场需求量和需求偏好的变化。

3.区域规划环境分析

对住宅市场的规划环境分析主要包括城市发展、土地利用年度计划、住房建设规划与住房建设年度计划三个方面。

（1）城市发展规划主要分析城市发展的方向，这是项目选址着重考虑的问题。它直接关系到物业的潜质和增值的可能性。

（2）对土地利用年度计划的分析，可以从中预计出当年住宅用地的供应量，从而预计出当年新增商品住宅的供给量。

（3）对住房建设规划与住房建设年度计划的分析，主要从中分析未来各年的住房供给量及供应结构，并分析出当年各类住房的供给量及其分布的空间位置，从而为项目的竞争分析提供基础。

3.2.2　专业市场分析

专业市场分析是指对所在城市住宅市场的供给和需求进行对比预测，从而解释该区域住宅市场的需求潜力及分布状况。

1.住宅供给分析

（1）住宅供给总量分析

住宅供给总量分析对开发商来说极其重要，包括两个部分：当前住宅市场的存量和新增住宅的数量。

1）新增住宅的数量分析

新增住宅供数量分析就是对未来时期住宅供给量进行预测，和对计划开发住宅的销售期内即将投入市场的供给数量进行预测。对新增住宅进行分析也就是通过将要开发的住宅量、将要竣工的住宅量、将要预售的住宅量的统计，核算出住宅市场中将要增加的住宅各类户型的供给量。该类数据可以通过政府出让土地的计划得到。

2）存量住宅的数量分析

存量住宅是与增量住宅相对应的概念，增量供给被市场上的投资者或消费者购买或租用后，就变成了住宅市场的存量。一个健康的住宅市场应该是新旧房源互动的经济运行体系，由于对住宅消费水平的提高或因工作变动等原因，原住宅消费者可能会选择新的住宅而放弃原有住宅，原有住宅便可能变成住宅市场的存量供给。同时由于投资者要寻找最终的住宅使用者，也将向住宅市场提供存量住宅的供给。

存量供给的数量一般可以通过组织市场调研来获取，同时现在大多数城市都有专门的政府机构或商业机构对市场现有的各种房地产供给结构及供给量进行调查并出版统计报告，这也是获取现有供给信息的重要渠道。

（2）住宅供给结构分析

商品住宅供给结构的分析的内容主要包括对住宅的档次、户型、面积、价格等进行分类统计，对现有住宅的空置率及空置住宅的特点进行分析。

1）住宅档次分析

主要对某一区域商品住宅的档次进行分类，一般来说住宅的档次针对不同收入和不同的消费群体进行划分，包括高档、中高档、中档、中低档和低档等类型，据此来分析项目所投资区域的住宅档次的特点。

2）住宅户型分析

户型分析主要从面积结构和规划布局两个方面进行。分析项目欲投资区域住宅的面积特点，以及户型特点。如某区域 $90\sim120m^2$ 的户型供应比例较大，其中以三室两厅两卫的布局为主。

3）住宅价格分析

住宅的价格情况对住宅市场的影响至关重要，通过对欲投资区域的住宅价位进行比较分析，可以发现住宅市场价格供给的变化趋势，有助于开发商对住宅价位进行合理的控制。

4）住宅空置分析

分析欲投资区域住宅空置的总量，以及空置住宅的特点，是价位过高，还是户型设计不合理，找出空置的关键原因，对欲投资住宅项目进行市场定位有至关重要的帮助。

2. 住宅需求分析

（1）住宅市场需求潜力分析

住宅市场需求潜力分析是指在一定时期内一定价格水平下人们愿意购买和承租的住宅的数量。一般来说，影响住宅市场需求潜力的因素主要有以下几点：

1）城市化发展状况

在城市化发展的不同阶段，对应的房地产需求潜力是不一样的。在城市化迅速发展时期，城镇人口和用地面积不断增加，城市范围迅速扩大。此时，对住宅的需求量也会随之上升。而在城市化发展水平较高的时期，城镇用地面积基本固定不变，此时，住宅需求量基本达到饱和，城市住宅需求潜力就会很小。

2）城市人口状况

城市人口状况包括人口数量和人口结构两个方面。城市人口数量增加，会导致对住宅需求的增加。人口结构的变化会导致对不同类型住宅的需求量变化，例如中国进入老龄化社会，将会导致未来对老年住宅需求的增加；4-2-1 的倒金字塔形家庭结构，会导致未来市场上出现大量空置房产，进而影响住宅的变化。

3）家庭收入水平

实际支付能力明显影响着消费者对商品的购买行为。消费者对住宅商品的消费形式主要是通过以家庭为单位来进行的，因而一般是以家庭收入作为考察指标来进行研究。在其他条件保持不变的条件下，住宅的需求量是与城市居民家庭收入的变化情况成正相关关系，即居民收入增加，购买力则相应得到增强，进而反映到对住宅的需求也随之增加；反之，收入减少则对住宅的需求也减少了。

4）住宅价格水平

商品的价格在很大程度上影响着住宅需求量。作为一种商品，住宅和其他商品一样，价格是很重要的考察因素，它的高低对于住宅需求有着至关重要的影响。一般情况下，住宅价格与住宅的需求量之间是存在着反向变动的关系，即当其他外部因素一定的情况下，住宅价格和住宅需求之间的关系是价格上升会引起需求下降。当价格下降时，需求会上升。

（2）住宅市场需求能力分析

在住宅市场中，需求能力主要指人们对住宅总价的承受能力。消费者的需求能力主要来自两个方面：

1）居民储蓄

城镇居民储蓄存款与住宅需求呈正相关关系，即住宅需求随城镇居民储蓄存款的增加而增加。显而易见，如果一个城市的城镇居民储蓄存款的数量增长，那么购买住宅的资金就会增加，从而会导致住宅需求量的增加；反之，如果一个城市的城镇居民储蓄存款的数量减少，那么购买住宅的资金就会减少，从而会导致住宅需求量的减少。

2）居民消费结构

居民的消费水平及结构也是决定住宅市场需求的重要因素。住房支出的比例在居民消费支出中的高低能够很好地反映居民购房能力。在住房支出消费中，可以引用国际通用的恩格尔系数标准，即居民收入中有多大比重是用于食品消费支出。在我国房改之前，由于房屋租金很低，居民住房消费支出占生活支出的比重只有 2%~3%。恰恰是因为这种极低的租金支出在很大程度上对住宅合理的租、售关系造成比较大的影响，也导致居民对住宅消费的发展不理性、不客观。

（3）住宅市场需求偏好分析

需求偏好分析是指对消费者在不同产品品质或产品组合上的喜好程度进行分析。消费者在进行住宅消费时，会根据自己的偏好选择某类住宅，消费选择的过程，实质是消费者对产品的各个特性进行比较、筛选的过程。需求偏好分析主要分析消费者对住宅产品的哪些方面有需求偏好，如区位、价格、建筑结构、楼层、户型、面积、消费动机等。

3.2.3　项目市场分析

1. 项目自身特性分析

俗话说：知己知彼，百战不殆。只有对项目自身特性进行透彻分析和了解后，才能在此基础上进行项目的竞争分析、市场定位等工作。房地产是区位、实物、权益三者的综合体，因此在进行项目自身特性分析时，需要从区位、实物、权益三个角度来进行。

（1）项目自身区位分析

1）项目所处的位置。即项目所在的地方，包括坐落、方位和距离等方面。住宅项目主要分析项目在城市或区域中所处的地段，位于城市的中心、郊区还是城乡结合部，距离汽车站、火车站、地铁站、医院、学校、幼儿园、市场、银行、公园等公共场所的距离。

2）项目周边的交通条件。分析本项目和其他地方来往的便捷程度，周边有哪些主要街道，有哪些公交线路和公共交通工具，距离公交站点、地铁站点、轻轨站点等距离的远近，公共交通能否直达车站、学校、超市、市中心等。

3）项目周边的环境。分析项目周围的自然环境和人文环境，周边是否有公园、绿地、河流等，空气质量如何，是否有噪声污染，周边居民的整体素质、收入水平、文化程度、治安状况等。

4）项目的配套设施。分析项目自身的供电、供热、供气、给水排水等基础设施是否齐全，周边是否有幼儿园、学校、医院、菜市场、超市等公共服务设施。

（2）项目实物特性分析

1）项目的规模。分析本项目的占地规模，总建筑面积，预售或已销售面积，每套住房的建筑面积、使用面积、公摊面积等。

2）项目的构成。分析项目由多少栋楼构成，其中高层、小高层、多层的比例分别为多少，园区内是否有幼儿园、小学、超市、会所等，园区内有哪些景观以及设施（如建筑小品、植被、健身器材、供暖方式、智能化设备、电梯配备等），项目的户型种类、朝向、配比情况等。

3）项目的质量。分析项目的建筑质量，如建筑结构、建筑材料，门窗形式及品牌，电梯品牌及维护，消防设施、供暖设施、智能设施等质量，建筑物抗震、防火、隔声、保温性能如何等。

4）项目的舒适度。分析项目的绿化率、容积率、建筑密度，建筑物通风、采光如何，建筑物内部的设施设备与人们的消费观念是否相符，幼儿园、小学、会所、健身器材等设施的配备能否满足业主需求及空间布局能否让效应最大化、舒适度最大化等。

（3）项目权益状况分析

1）项目的产权情况分析。分析项目有哪些权利（如所有权、使用权和他项权利等）以及权利状况。在项目所有权分析中，要分析项目是否具有房屋所有权；使用权分析中，要分析项目是否具有完整的土地使用权（如是国有土地还是集体土地，以出让方式还是划拨方式获取）；他项权利分析中，要分析项目是否已经抵押、出租或担保。另外，还要分析项目各种产权的期限，如土地使用年限、房屋使用年限、抵押年限、出租年限、担保年限等。

2）项目规划条件分析。分析项目规划土地使用要求（如建筑规模、建筑密度、建筑高度、容积率、绿地率等)，项目公共服务设施配套建设指标，项目与退让用地边界、城市道路、河流、高压线等距离要求，环境污染限制等。

3)项目收益情况分析。分析项目预计的销售价格，销售折扣比率，物业管理费用等。

2.竞争对手分析

开发商在了解自己楼盘优势的同时，也应该全面、充分掌握竞争对手楼盘的优势与劣势，这样才可以让自己的项目在激烈的市场竞争中脱颖而出。

(1)选择竞争对手的原则

1)相近性原则，指竞争对手与自己所开发的项目具有相似性和相近性，由于相互相似和相近，其成为了势均力敌的对手。

相近性的内容包括三个方面的内容：楼盘类型相近性、开发模式的相近性和商品房销售价格的相近性。

2)地缘关联性原则，指开发地段之间的相邻关系，竞争对手所处地段与自己开发项目的地段是相邻的。就住宅项目而言，竞争对手的地缘关系控制的范围要小一些。

(2)竞争的主要内容

竞争的主要内容包括：

1)项目自身情况

规划方案，包括容积率、绿化率、建筑总面积、朝向等；

社区设施，包括生活、娱乐等配套设施；

建筑设计，包括户型结构、户型面积、结构体系等；

室内设施设备，包括装修标准、水电气、智能化、节能、环保等系统；

销售体系，包括销售价格、销售方式、优惠政策等；

工程建设，包括建设周期、施工队伍情况、建材情况等；

其他，包括开盘时间、入住时间等。

2)项目周边环境状况

生活服务，包括项目周边的商业、医疗、学校、餐饮、娱乐等；

交通，包括公交、地铁、公路等。

3)物业管理情况

包括竞争对手的物业管理设施、物业管理内容、物业费等。

楼盘情况调查，见表3-1。

楼盘情况调查表 表3-1

楼盘名称					
楼盘地址					
基本资料	开发商				
	施工单位				
	设计单位				
	占地面积				
	建筑面积				
	容积率				
	绿化率				

续表

楼盘名称					
楼盘地址					
基本资料	建筑密度				
	住宅类型				
	开盘时间				
	交房时间				
户型配比	户型	面积范围	户型套数	已售套数	销售率
价格	起价（元/m²）		均价（元/m²）		最高价（元/m²）
付款方式		一次性付款	商业贷款	公积金贷款	其他形式
	折扣				
	首付比例				
物业管理	公司名称				
	物业费用				
	电梯费				
配套设施					
销售率					
客户特征					
优势					
劣势					

3. 住宅项目 SWOT 分析

SWOT 分析就是对项目的优势、劣势、机遇、威胁分别进行分析，通过了解项目内部的条件，从地段、交通条件、周边环境、配套设施、项目实物、权益等方面找出其存在的较竞争对手的优势和对项目不利的劣势。从政策环境、市场供求等方面分析项目外部存在的环境，发现项目面临的发展机会，寻找对项目构成的威胁，然后用 SWOT 矩阵组合来分析提升产品竞争力的战略对策。SWOT 分析理论是当前市场分析研究的主要分析理论之一，在竞争分析中也有非常重要的影响。具体分析方法如下案例：

【案例】沈阳市某项目 SWOT 分析

1. 项目 SWOT 分析（见表 3-2）

某项目 SWOT 分析表　　　　　　　　　　　　表 3-2

优势（strength）	劣势（weakness）
1. 处于浑南新区，政府重点发展的区域。 2. 紧邻浑河自然环境优美。 3. 附近有奥体中心、浑河公园、亿丰广场等娱乐休闲场所。 4. 附近有乐购、沃尔玛，以及即将开业的华润万家等大型超市。 5. 临近沈阳建筑大学、沈阳音乐学院，潜在住宅需求巨大。 6. 交通便捷，项目紧邻有轨电车，周边公交车次较多	1. 该区域尚未发展成熟，相关配套不够完善。 2. 距离市中心距离较远

续表

机会（opportunity）	威胁（threat）
1. 政府即将南迁。 2. "十二运"即将在该地区举办。 3. 地铁9、10号线已经通过审批，即将开工。 4. 政府鼓励普通住宅，尤其是中小户型普通住宅开发	1. 周边新开工项目多，竞争激烈。 2. 浑南地区入住率不高。 3. 国家宏观调控政策收紧

2. 对策分析

某项目对策分析表 表3-3

SO 对策	WO 对策
1. 与附近高校联系，组织教师团购。 2. 与政府联系，组织公务员团购。 3. 宣传项目的自然环境和文化环境	1. 加大力度宣传地铁9、10号线经过家门口的新闻。 2. 以"十二运"为契机，宣传小区健康、绿色、运动的主题
ST 对策	**WT 对策**
1. 与周边竞争项目进行差异化设计，在户型、小区环境上突出优势，主打小面积多功能（如105m² 做成三室两厅两卫）。 2. 以"孟母三迁"为背景，宣传高校周边安个家的营销主题	1. 与重点学校联合，在小区内建幼儿园、小学。 2. 完善商业配套，招商引进一批知名商家，在小区内建设一个大型超市

3.3 住宅项目定位

3.3.1 市场定位

房地产市场定位是指房地产企业为了自己生产销售的产品获得稳定的销路，从多方面培养产品特色，树立一定的市场形象，以求在顾客心中形成一种特殊的偏爱。房地产企业的市场定位即目标市场的选择是由消费者需求的差别性和企业资源的有限性的矛盾决定的，准确的市场定位，是生产和经营走向成功的关键，房地产项目进行准确的市场定位从而锁定目标客户是楼盘畅销的先决条件。

1. 目标市场的基本要求

目标市场是房地产企业在对市场进行细分的基础上，基于企业的自身追求以及企业品牌理念，通过一系列的营销策略和营销组合方式，满足目标市场或者潜在目标市场的需求而选择的特定的一个或几个子市场。

开发企业在选择目标市场时一定要注意到其可操作性和现实性，既市场一定是看得见、摸得着的，不是虚幻的、含混的。

（1）可衡量性

可衡量性是指目标市场的特点、规模、潜力、环境、人口等因素可以测量出来，可以用一系列的统计数据、图表等反映出来。在衡量目标市场的同时，还要求目标市场规模要足够大并要有较大的发展空间。

（2）可进入性

可进入性是指房地产企业能很容易、很顺利地进入该市场，换句话说，要求目标市场

43

未被竞争者完全垄断或竞争尚不十分激烈，甚至是一个新开辟的市场。

对于不同的企业，在考虑目标市场的可进入性时，有以下几种常用方法：

1）进入庞大的不可能垄断的目标市场，比如普通住宅市场，这类市场有庞大的刚性需求及投资需求，不可能出现垄断的情况。

2）进入自己垄断的目标市场，这种方法适用于实力比较大或者拥有特殊资源的企业。例如专门开发保障性住房等。

3）用转移的方法进入目标市场，指的是某些开发企业用某一独特的方法在某一地区取得成效和经验，但若继续在该地区使用，就不一定奏效，此时开发企业可以采取复制转移的方式，在其他城市实施。例如，万科四季花城项目，在全国各地均有复制开发，且每个地区都很成功。

（3）可赢利性

企业能否盈利是在项目策划中最基本的最求，选择的目标市场一定要满足企业的经营目标且未来能够为企业带来赢利。这里指的赢利，应该从广义的角度理解，既要考虑单一项目的赢利性，更要考虑在整个区域内开发的赢利性。

2. 目标市场的选择模式

房地产市场是一个非常大的概念，开发企业可以根据自己的需要做不同的选择，可以把目标市场放在单一目标人群上，也可以推出包罗万象的产品，综合看来，房地产的目标市场有以下几种模式：

（1）单一人群目标市场模式

指房地产开发商选择一类目标人群集中营销，结合这类人群的特点量身定做产品。如针对老年群体推出"夕阳公寓"，针对青年群体推出小户型"青年公寓"，针对高校教师推出"教师之家"，面向华侨、留学生、外商等推出"国际公寓"等。

这种模式的优点是，企业能够保证这一消费群体的各种需求，在这一消费群体中为房地产企业建立品牌效应。但缺点是显而易见的，一旦这个市场的消费群体的需求量减少或者可能突然发生市场变化，企业承担的经营风险将不言而喻。

（2）单一产品目标市场模式

指开发商推出一种固定的产品来满足不同类别人群的需求，以不变应万变。这种模式相对于其他物业而言，产品非常标准，只有一种套型、面积，但目标人群却可以分为几类。如某开发商推出 SOHO 精装公寓，面积全部在 $40m^2$ 左右，功能全，总价低。因此可以满足几种类型用户的需求，如年轻白领、新毕业的大学生、创业起步的小型公司以及投资者。

这种模式的优点是容易树立良好的企业形象，提高消费群体对企业品牌的忠诚程度。但是，这种模式下，如果企业遇到可以替代的产品，企业将会受到巨大的威胁。

（3）复合产品目标市场模式

指开发商集中开发一种类型的物业产品，并向多个目标市场的客户群体销售这种产品。如某房地产开发公司开发的住宅项目，户型面积从 $40m^2$ 至 $147m^2$，涵盖了一室一厅、两室两厅、三室两厅等多种规格，开发商力图通过该住宅项目的开发建设来满足不同客户群体的需求。

这种模式的优点是将企业的风险分散到各个细分市场中，大大降低了企业的经营风险，但是投资收益也相对减少。

（4）复合目标市场模式

指开发企业专门为了满足某个目标客户群体的各种主要需求而开发的项目。例如某开发商在城市 CBD 区域建设的公寓项目，目标客户群定位于在 CBD 办公的白领阶层，项目集合了写字楼、商场、公寓为一体，满足了该区域内白领人士购物、餐饮娱乐、办公、居住等各种需求。

（5）完全市场覆盖模式

这种模式是指房地产开发商通过投资开发各种类型的物业来满足各种目标市场的需求。只有大型的房地产公司才有采用完全市场覆盖战略。万科、中海、保利等大型房地产开发企业就是借助自身核心竞争能力开发各种物业来满足各种客户群体的需求。

3.3.2　客户定位

对于开发商而言，建设的住宅通常不止是卖给一个客户，而是卖给一群客户，这群客户都是由于对开发商开发建设的住宅认可并实施了购买行动而成为了业主，组成了开发商开发建设的住宅的业主群体。所以说特定的产品不是仅满足某单一的客户，而是满足某些范围的客户群，因此，寻找、发掘这类主力客户群就是开发商定位客户的过程。事实上，客户定位的准确性将直接影响到项目的品质和未来的宣传思路，进而影响到最终的销售结果。

1. 客户需求分析

主要分析目标客户群对住宅的户型、面积、位置、预期价格、物业管理、环境景观等的偏好，以及影响消费者购买倾向的因素、消费者的购买动机等。

（1）区域方面的内容

1）商品房所处区域的位置，如消费者希望购买的房屋处于城市的东、西、南、北方向；处于市区，还是处于近郊区、远郊区；处于金融商业区，还是处于居民社区、文化区等。

2）区域配套内容，包括：生活（购物、餐饮、娱乐、银行等）方面的配套需求；交通方面的配套需求；医疗方面的配套需求以及教育、健身方面的配套需求。

（2）小区方面的内容

1）小区环境，包括小区环境规划风格，小区环境的主要内容以及绿化面积等。

2）小区设施设备，包括生活服务设施（娱乐、健身、停车位）；安全、监控设施等。

3）物业管理，包括需要的物业管理设施、需要的物业管理内容以及能接受的物业费的价格等。

（3）建筑物方面的内容

1）建筑物整体，包括建筑风格、建筑色彩、建筑朝向、建筑层数、建筑高度、建筑结构形式等。

2）室内状况，包括室内总面积，各功能室面积、套型布置、通风、采光、室内有无装饰装修，装饰装修档次等。

（4）住宅消费方面的内容

1）消费能力，包括消费者可用于支付住房的资金数量、能承受的房屋总价和单价等。

2）消费目的，包括购置住宅是自用还是投资置业。

3）消费方式，包括购置住宅采用的付款方式是一次性支付还是按揭贷款。

2. 目标客户群的锁定

为了进一步锁定目标客户，应该按照客户对项目的影响程度，将目标客户群细化为四个层次：显性客户层、隐性客户层、偶然客户层、争夺客户层。如表 3-4 所示。

目标客户群细化表

表 3-4

目标客户群	具体指向
显性客户	指有明确购买本项目意图的客户
隐形客户	指购买本项目的意图不够强烈的客户，包括那些消费行为受心理因素影响较大的冲动型客户
偶然客户	指具备一定经济实力，对本项目的吸引点不抱任何态度的客户，因为地段、职业等因素，这类客户购买本项目的意愿不明显，但也不排除其购买行为
争夺客户	在同一区域、不同项目的目标客户存在一定的重合现象，争夺客户是那些没有特别明确的住房消费倾向，或仅倾向于地段等表层因素的客户。这类客户需要一定的争夺成本，但一旦投入成本，这类客户转为购买本项目的几率要大于 60%

目标客户群的锁定内容主要包括：

（1）客户群年龄结构；

（2）客户群职业特征；

（3）客户群区域结构；

（4）客户群的住宅消费能力、消费方式；

（5）客户群对住宅特征的需求；

（6）客户群对环境及配套设施的需求；

（7）客户群对物业管理的需求；

（8）客户群购买住宅的目的。

例如，某项目对客户群体的描述为：本项目的核心客户是大学城内的教师以及科研机构的高级技术人员以及一些企业主和生意人；重要客户包括企事业单位高层、投资者。核心客户的特征主要是高学历、高收入、年龄 30～50 岁。主要为大学城内各高校、研究院所的高级知识分子及自由职业者。此类人群的收入较高，年薪一般在 20 万元以上，其居住消费观念较为超前，对居住环境、生活质量要求较高，是最主要的消费对象。另外还有市区内需要第二居所的高收入阶层。对于这一部分人群，一个居所已不能满足他们的需求。其因休闲、放松心情或投资等需求而需要第二甚至第三居所。

3.3.3　产品定位

产品定位是指开发商在对项目市场细分、客户需求分析、客户锁定的基础上，对房地产项目的主要技术参数、模式等的确定和确认。产品定位是建立在客户需求的基础上，以客户为先导，"一切以客户为先行"以"需求为导向"的定位。

1. 产品定位的原则

(1) 市场化原则

任何产品, 期望获得市场、消费者的认同, 就应该符合市场的需求。房地产开发企业所做的产品定位, 一定不能脱离市场、脱离客户的需求, 而去建一个空中楼阁, 这就是所谓的"适销对路"。

(2) 差异化原则

房地产开发企业在进行产品定位时, 应考虑到竞争对手的状况。竞争对手拥有的一些产品配置, 除必不可少的以外, 尽量不要与其一样, 竞争对手欠缺的地方, 自己则可以加强。这样, 才能凸显自己的产品优势, 而不是简单的模仿。如"欧陆风情"泛滥, 可能需要"回归"; 如都是平板结构的户型, 就让户型错位; 如周围的楼盘都在做高档住宅, 也许针对收入不高的人建小户型住宅市场会更大。

(3) 前瞻性原则

房地产产品的定位, 事实上是去把握未来市场的需求。社会在进步, 人们的生活方式也在变化, 谁能抓住人们需求心理的变化趋势, 谁的项目就定会成功。产品定位要与目标客户群相吻合, 并不是简单的迁就客户, 而是应该善于挖掘和满足客户的潜在需求。例如, 当大多数开发商还在建设万变不离其宗的普通住宅小区, 已经有开发商做起了"温泉住宅"; 当人们还在关心住房面积和住房价格的时候, 已经有开发商开发出麻雀虽小, 五脏俱全的户型小功能多的住宅。正是因为开发商看到了人们需求心理的变化, 抓住了市场机会点, 因此能够一举成名。

(4) 不可替代性原则

不可替代性指房地产项目内部的各类产品如户型、面积的不可替代性——即客户不会因为选择某一户型或面积而使其他户型或面积的产品滞销。例如 $110m^2$ 的两居室和三居室同时存在, 高层住宅和多层住宅价格相仿, 而致使在销售过程中造成某一产品畅销, 另一产品难以消化。

(5) 价格的可控性原则

开发商要根据目标客户群的特征设计出他们能够接受的单价和总价的产品形式, 不要过分强调利润和产品特色, 而使住宅产品的价格超过目标客户群的接受能力, 从而得不偿失。

2. 产品定位的策略

(1) 以区位环境景观或配套设施进行定位

在房地产项目的定位与评价中, 最主要的一个指标就是项目的区位。这里不只是说项目的地理坐标位置, 还有其他能表现项目自然环境和人文环境的其他因素。比如与其他重要场所(学校、医院、商场等)的距离、从其他地方(重要交通枢纽等)往返该宗房地产的便捷性、该宗房地产的周围环境和景观(公园、河流)等。根据项目所处区位进行定位, 可以突出项目所在的区位优势。

例如, 广西南宁某小区临近南湖附近, 广告宣传为: "永不落幕的风景, 100 万 m^2 南湖碧波, 一生的珍藏"; 武汉某小区, 广告宣传语为: "200m, 我与长江的距离"。

(2) 以项目本身的规划设计、建筑风格进行定位

项目的区位固然重要, 但并不是所有项目都有区位优势。对于所处地理区位一般的项目, 应更多地从产品方面来营造优势, 可以在产品的概念上进行适当的宣传与造势, 打造

一些与众不同的项目。比如金域蓝湾的"泰式园林"，金地檀溪的"低密度，高绿化洋房社区"，徐州香槟城的"欧洲风情，世纪典藏"。

（3）以文化、生活方式进行定位

随着收入和生活水平的提高，不仅满足人们对房子最初的遮风挡雨、居家的简单需求，而是开始追求房子所能带来的舒适程度和精神上的享受。众所周知，以"科学运动、健康生活"定位的奥林匹克花园主打奥林匹克文化的牌子，让人们得到初级层次的满意后，开始追求健康、积极的生活方式。正是依靠这种全民健身和家居生活的完美结合，奥林匹克花园吸引着每一个有高层次追求的人。奥林匹克花园的创始人郭梓文曾提出这样的观点："不要让消费者觉得没有房子住，而是要让他们觉得没有生活。"这也是最有优势的定位点，用郭梓文的话说就是找到了做房地产项目可以复制的基因。"别人是做一个项目就换一个地方。今天我们是做好一个项目，可以带他走四方。"奥林匹克文化是一种全球性的文化，具有很强的辐射力和亲和力。这样的定位方式可以把项目定位上升为一种品牌定位。

3.4　房地产开发项目可行性研究

3.4.1　可行性研究的工作阶段

可行性研究是在投资前期所做的工作。它分为四个工作阶段，每阶段的内容逐步由浅到深。

1. 投资机会研究

该阶段的主要任务是对投资项目或投资方向提出建议，即在一定的地区和部门内，以自然资源和市场的调查预测为基础，寻找最有利的投资机会。

投资机会研究分为一般投资机会研究和特定项目的投资机会研究。前者又分三种：地区研究、部门研究和以利用资源为基础的研究，目的是指明具体的投资方向。后者是要选择确定项目的投资机遇，将项目意向变为概略的投资建议，使投资者可据以决策。

投资机会研究的主要内容有：地区情况、经济政策、资源条件、劳动力状况、社会条件、地理环境、国内外市场情况、工程项目建成后对社会的影响等。

投资机会研究相当粗略，主要依靠笼统的估计而不是依靠详细的分析。该阶段投资估算的精确度为 $\pm 30\%$，研究费用一般占总投资的 $0.2\% \sim 0.8\%$。

如果机会研究认为是可行的，就可以进行下一阶段的工作。

2. 初步可行性研究

初步可行性研究亦称"预可行性研究"，在机会研究的基础上，进一步对项目建设的可能性与潜在效益进行论证分析。主要解决的问题包括：

（1）分析机会研究的结论，在详细资料的基础上做出是否投资的决定；

（2）是否有进行详细可行性研究的必要；

（3）有哪些关键问题需要进行辅助研究。

在初步可行性研究阶段，需对以下内容进行粗略的审查：市场需求与供应、建筑材料供应状况、项目所在地区的社会经济情况、项目地址及其周围环境、项目规划设计方案、项目进度、项目销售收入与投资估算、项目财务分析等。

初步可行性研究阶段投资估算的精度可达±20%，所需费用约占总投资的0.25%～1.5%。所谓辅助研究是对投资项目的一个或几个重要方面进行单独研究，用作初步可行性研究和详细可行性研究的先决条件，或用以支持这两项研究。

3. 详细可行性研究

即通常所说的可行性研究。详细可行性研究是开发建设项目投资决策的基础，是在分析项目技术、经济可行性后作出投资与否决策的关键步骤。

这一阶段对建设投资估算的精度在±10%，所需费用：小型项目约占投资的1.0%～3.0%，大型复杂的工程约占0.2%～1.0%。

4. 项目的评估和决策

按照国家有关规定，对于大中型和限额以上的项目及重要的小型项目，必须经有权审批单位委托有资格的咨询评估单位就项目可行性研究报告进行评估论证。未经评估的建设项目，任何单位不准审批，更不准组织建设。

项目评估是由决策部门组织或授权于建设银行、投资银行、咨询公司或有关专家，代表国家对上报的建设项目可行性研究报告进行全面审核和再评估阶段。

3.4.2 可行性研究的步骤

可行性研究按以下五个步骤进行。

1. 接受委托

在项目建议被批准之后，开发商即可委托咨询评估公司对拟开发项目进行可行性研究。双方签订合同协议，明确规定可行性研究的工作范围、目标意图、进度安排、费用支付办法及协作方式等内容。承担单位接受委托时，应获得项目建议书和有关项目背景介绍资料，搞清楚委托者的目的和要求，明确研究内容，制订计划，并收集有关的基础资料、指标、规范、标准等基本数据。

2. 调查研究

主要从市场调查和资源调查两方面进行。市场调查应查明和预测市场的供给和需求量、价格、竞争能力等，以便确定项目的经济规模和项目构成。资源调查包括建设地点、开发项目用地、交通运输条件、外围基础设施、环境保护、水文地质、气象等方面的调查，为下一步规划方案设计和技术经济分析提供准确的资料。

3. 方案选择和优化

根据项目建议书的要求，结合市场和资源调查，在收集到的资料和数据的基础上，建立若干可供选择的开发方案，进行反复的方案论证和比较，会同委托部门明确方案选择的重大原则问题和优选标准，采用技术经济分析的方法，评选出合理的方案。研究论证项目在技术上的可行性，进一步确定项目规模、构成、开发进度。

4. 财务评价和综合评价

对经上述分析后所确定的最佳方案，在估算项目投资、成本、价格、收入等基础上，对方案进行详细财务评价和综合评价。研究论证项目在经济上的合理性和盈利能力，进一步提出资金筹措建议和项目实施总进度计划。

5. 编制可行性研究报告

经过上述分析与评价，即可编制详细的可行性研究报告，推荐一个以上的可行方案和实施计划，提出结论性意见、措施和建议，作为决策者决策依据。

3.4.3　可行性研究的内容

由于开发项目的性质、规模和复杂程度不同，所以，可行性研究的内容亦不尽相同，各有侧重。一般地，房地产开发项目可行性研究，应包括以下主要内容：

1. 项目概况

具体内容包括：项目名称、开发建设单位；项目的地理位置，如项目所在城市、区和街道，项目周围主要建筑物等；项目所在地周围的环境状况，主要从工业、商业及相关行业现状及发展潜力、项目建设的时机和自然环境等方面说明项目建设的必要性和可行性；项目的性质及主要特点；项目开发建设的社会、经济意义；可行性研究工作的目的、依据和范围。

2. 开发项目用地的现状调查及拆迁安置方案

（1）土地调查。包括开发项目用地范围内的各类土地面积及使用单位等。

（2）人口调查。包括开发项目用地范围内的总人口数、总户数以及需拆迁的人口数和户数。

（3）调查开发项目用地范围内建筑物的种类，各种建筑物的数量和面积，需要拆迁的建筑物种类、数量和面积等。

（4）调查生产、经营企业以及个体经营者的经营范围、占地面积、建筑面积、营业面积、职工人数、年营业额、年利润额等。

（5）调查各种管线。主要应调查上水管线、雨水管线、污水管线、热力管线、燃气管线、电力和电讯管线的现状及规则目标和其可能实现的时间。

（6）调查其他地下、地上物。开发项目用地范围内地下物调查了解的内容，包括水井、人防工程、菜窖、各种管线等；地上物包括各种树木、植物等。开发项目用地的现状一般要附平面示意图。

（7）制订拆迁计划。

（8）制订安置方案。包括需要安置的总人数和户数，需要安置的各房屋套数及建筑面积，需要安置的劳动力人数等。

3. 市场分析和建设规模的确定

具体内容包括：市场供给现状分析及预测，市场需求现状分析及预测，市场交易的数量与价格分析及预计，服务对象分析，租售计划制定，拟建项目建设规模的确定。

4. 规划设计方案的选择

（1）市政规划方案选择。市政规划方案的主要内容包括各种市政设施的布置、来源、去路和走向，大型商业房地产开发项目重点要规划安排好交通组织和共享空间等。

（2）项目构成及平面布置。

（3）建筑规划方案选择。建筑规划方案的内容主要包括各单项工程的占地面积、建筑面积、层数、层高、房间布置、各种房间的数量、建筑面积等。

5. 资源供给条件分析

主要内容包括：建筑材料的需要量、采购方式和供应计划，施工力量的组织计划，项目施工期间的动力、水等供应方案，项目建成投入生产或使用后水、电、热力、燃气、交通、通信等供应条件。

6. 环境影响评价

主要内容包括：建设地区的环境现状，主要污染源和污染物，开发项目可能引起的周围生态变化，设计采用的环境保护标准，控制污染与生态变化的初步方案，环境保护投资估算，环境影响的评价结论和环境影响分析，存在问题及建议。

7. 项目开发组织机构和管理费用的研究

主要内容包括：拟订开发项目的管理体制、机构设置及管理人员的配备方案，拟订人员培训计划，估算年管理费用支出情况。

8. 开发建设计划的编制

(1) 前期开发计划。包括项目从立项、可行性研究、下达规则任务、征地拆迁、委托规则设计、取得开工许可证直至完成开工前准备等一系列工作计划。

(2) 工程建设计划。包括各个单项工程的开、竣工时间，进度安排，市政工程的配套建设计划等。

(3) 建设场地的布置。

(4) 施工队伍的选择。

9. 项目经济及社会效益分析

(1) 项目总投资估算。包括开发建设投资和经营资金两部分。

(2) 项目投资来源、筹措方式的确定。

(3) 开发成本估算。

(4) 销售成本、经营成本估算。

(5) 销售收入、租金收入、经营收入和其他营业收入估算。

(6) 财务评价。分析计算项目投资回收期、财务净现值、财务内部收益率和投资利润率、借款偿还期等技术经济指标，对项目进行财务评价。

(7) 国民经济评价。对于工业开发区等大型房地产开发项目，还需运用国民经济评价方法计算项目经济净现值、经济内部收益率等指标，对项目进行国民经济评价。

(8) 风险分析。一方面结合政治形势、国家方针政策、经济发展趋势、市场周期、自然等方面因素的可能变化，进行定性风险分析；另一方面采用盈亏平衡分析、敏感性分析、概率分析等分析方法进行定量风险分析。

(9) 项目环境效益、社会效益及综合效益评价。

10. 结论及建议

(1) 运用各种数据从技术、经济、财务等诸方面论述开发项目的可行性，并推荐最佳方案。

(2) 存在的问题及相应的建议。

【思考题】

1. 住宅项目选址时应考虑哪些因素？

2. 分析住宅的项目市场应该从哪些方面进行？各包括什么内容？

3. 目标市场选择的模式有哪几种？各有什么优缺点？

4. 产品定位应该遵循哪些原则？

5. 简述房地产开发项目可行性研究的工作程序。

【实训题】

我的楼盘我做主！

以小组为单位完成某住宅小区项目市场调研、市场定位、客户定位和产品定位。

第4章　房地产开发前期工作

学习目标

1. 了解房地产开发项目立项的基本内容；
2. 掌握房地产开发项目获取土地的方式；
3. 掌握国有土地使用权出让的方式；
4. 了解国有土地使用权划拨的范围；
5. 掌握房地产开发项目规划管理的内容；
6. 熟悉国有土地上房屋征收与拆迁补偿的特点。

房地产开发的主要程序包括四个阶段，即投资机会选择与决策分析、前期工作、建设阶段和租售阶段。在前一章我们已经介绍了如何对住宅市场进行投资分析与决策，当通过投资决策分析确定了具体的开发地点与项目之后，在进行开发项目建设过程开始以前还有许多工作要做，这主要涉及与开发全过程有关的各种合同、条件的谈判与签约，包括项目的立项、土地使用权的获取、规划设计许可、房屋征收补偿等工作。

4.1　房地产开发项目立项

4.1.1　项目立项的审批管理

开发项目立项，是房地产项目开发的第一步，即取得政府主管部门（省市发展和改革委员会）对项目的批准文件。

对于房地产开发商来说，在开发项目立项阶段的主要工作是：起草并向市发改委或市房地产开发管理办公室报送项目建议书，取得批准项目建议书的批复；依据项目建议书批复，编制可行性研究报告报市发改委审批获准，并列入该年度固定资产投资计划。（国家发改委已取消了房地产项目立项制度，实行备案制，但也有个别省市仍延续已经取消的立项制度。）

工程建设项目立项审批的承办部门是各市的发展与改革委员会投资处。市发改委在收到开发商的工程建设项目立项申报资料后，根据具体情况，进行现场勘察，对符合条件的，予以批复。对属上级部门审批权限内的项目，由市发改委负责转报。

4.1.2　项目资本金管理

按照国家有关文件的明确要求，房地产开发项目实行资本金制度，投资项目必须首先落实资本金才能进行建设。

投资项目资本金，是指在投资项目总投资中，由投资者认购的出资额，对投资项目来说是非债务性资金，项目法人不承担这部分资金的任何利息和债务。投资者可按其出资的比例依法享有所有者权益，也可转让其出资，但不得以任何方式抽出。

项目投资资本金可以用货币出资，也可以用实物、工业产权、非专利技术、土地使用权作价出资，但必须经过有资格的资产评估机构依照法律、法规评估其价值，且不得高估或低估。以工业产权、非专利技术作价出资的比例不得超过投资项目资本金总额的 20％，国家对采用高新技术成果有特别规定的除外。

房地产开发项目实行资本金制度，即规定房地产开发企业承揽项目必须有一定比例的资本金，可以有效地防止企业的不规范行为，减少楼盘"烂尾"等现象的发生。根据国发（2009）27 号《国务院关于调整固定资产投资项目资本金比例的通知》规定：保障性住房和普通商品住房项目的最低资本金比例为 20％，其他房地产开发项目的最低资本金比例为 30％。

4.2　房地产开发项目用地的获取

4.2.1　土地使用权出让

1. 土地使用权出让的含义

土地使用权出让，是指国家以土地所有者的身份将土地使用权在一定年限内出让与土地使用者，土地使用权受让人由此获得对该地块进行开发、经营和管理的权利，并由土地使用者向国家支付土地使用权出让金的行为。

2. 出让土地使用权的特征

（1）出让土地使用权具有有偿性

以出让方式获取土地使用权需要按期向国家缴纳土地使用权出让金。土地出让金是指各级政府土地管理部门将土地使用权出让给土地使用者，按规定向受让人收取的土地出让的全部价款（指土地出让的交易总额），或土地使用期满，土地使用者需要续期而向土地管理部门缴纳的续期土地出让价款。

（2）出让土地使用权具有有期限性

《中华人民共和国城镇国有土地使用权出让和转让暂行条例》第十二条规定了不同用途的土地使用权出让最高年限：居住用地 70 年；工业用地 50 年；教育、科技、文化、卫生、体育用地 50 年；商业、旅游、娱乐用地 40 年；综合或者其他用地 50 年。

以出让方式获取的土地使用权受国家对不同类型土地最高使用年限的限制，到期后国家无偿收回，也可申请续期。《物权法》规定，住宅用地到期后根据国家有关规定自动续期。

（3）以出让方式获取的土地使用权可以自由流转

以出让方式取得土地使用权的受让人取得是具有独立意义的土地使用权，具有占有、使用、收益和一定程度的处分权力，具体表现为对土地的使用权、转让权、出租权和抵押权等。

3. 土地使用权出让的方式

2007 年 9 月 21 日国土资源部第 3 次部务会议审议通过《招标拍卖挂牌出让国有建设用地使用权规定》，规定提出对工业、商业、旅游、娱乐和商品住宅等经营性用地以及同一宗地有两个以上意向用地者的，应当以招标、拍卖或者挂牌方式出让。

（1）招标出让

招标出让国有土地使用权，是指市、县人民政府国土资源行政主管部门（以下简称出让人）发布招标公告，邀请特定或者不特定的自然人、法人和其他组织参加国有建设用地使用权投标，根据投标结果确定国有建设用地使用权人的行为。

实践证明，住宅用地采用招标方式出让，可以使房地产开发企业在交易过程中只有一次背对背报价的机会，避免了土地公开竞价过程中因竞争激烈导致的不理性报价行为发生，一定程度上有助于开发商理性报价，防止地价上涨过快。

（2）拍卖出让

拍卖出让国有土地使用权，是指出让人发布拍卖公告，由竞买人在指定时间、地点进行公开竞价，根据出价结果确定国有建设用地使用权人的行为。土地拍卖中最重要的原则是"价高者得"，它适用于区位条件好，交通便利的闹市区、土地利用上有较大灵活性的地块的出让。

（3）挂牌出让

挂牌出让国有土地使用权，是指出让人发布挂牌公告，按公告规定的期限将拟出让宗地的交易条件在指定的土地交易场所挂牌公布，接受竞买人的报价申请并更新挂牌价格，根据挂牌期限截止时的出价结果或者现场竞价结果确定国有建设用地使用权人的行为。

政府土地主管部门编制挂牌文件，竞买人在规定日期前提出竞买申请，按规定交纳保证金、提交法定代表人证明书等资信证明后提交竞买申请书。在挂牌文件规定的挂牌起始日期，挂牌人应该将挂牌宗地的位置、面积、用途、使用年限、规划要求、起始价、增价规则、增价幅度等内容，在土地交易市场挂牌公布，符合条件的竞买人应定按照文件的要求填写竞买报价单，在挂牌期限内竞买人可多次报价。如果在挂牌期限内只有一个竞买人，且报价不低于挂牌底价，并符合其他交易条件的，挂牌成交；在挂牌期限内有两个或两个以上竞买人报价的，报价最高者为竞得人；报价相同的，先提交报价单者为竞得人。但报价低于底价者除外，在挂牌期限内无应价者或者竞买人的报价均低于底价或均不符合其他交易条件的，挂牌不成交。

挂牌出让综合体现了招标、拍卖方式的优点，并同样是具有公开、公平、公正特点的国有土地使用权出让的重要方式，尤其适用于当前我国土地市场现状，具有招标、拍卖不具备的优势：一是挂牌时间长，且允许多次报价，有利于投资者理性决策和竞争；二是操作简便，便于开展；三是有利于土地有形市场的形成和运作。挂牌出让是招标、拍卖方式出让国有土地使用权的重要补充。

4.2.2 土地使用权划拨

1. 土地使用权划拨的含义

土地使用权划拨，是指县级以上人民政府依法批准，在土地使用者缴纳补偿、安置等费用后将该块土地交付其使用，或者将土地使用权无偿交付给土地使用者使用的行为。

2. 划拨土地使用权的特征

（1）划拨土地使用权具有无偿性

划拨土地使用权包括土地使用者缴纳拆迁安置、补偿费用（如城市的存量土地和征用集体土地）和无偿取得（如国有的荒山、沙漠、滩涂等）两种形式。不论是何种形式，土地使用者均无需缴纳土地使用权出让金。

（2）划拨土地使用权具有无期限性

以划拨方式取得土地使用权的，除法律、法规另有规定外，没有使用期限的限制。但是，划拨土地使用权没有使用期限的限制并不等于永续存在，国家可以根据需要收回土地使用权。

（3）划拨土地使用权的取得具有行政性

取得划拨土地使用权，必须经有批准权的人民政府核准并按法定的工作程序办理手续。

（4）划拨土地使用权的流转具有限制性

通过划拨方式取得的土地使用权，除符合法律规定的条件外，不得转让、出租和抵押。

3. 划拨土地使用权的范围

下列建设用地可由县级以上人民政府依法批准，划拨土地使用权。

（1）国家机关用地和军事用地；

（2）城市基础设施用地和公益事业用地；

（3）国家重点扶持的能源、交通、水利等基础设施用地；

（4）法律、行政法规规定的其他用地。

对于房地产开发商而言，以行政划拨方式获取土地使用权，通常涉及私人参与的城市基础设施用地和公益事业项目和国家重点扶持的能源、交通、水利等项目的用地。经济适用房和廉租房项目用地，目前也通过行政划拨方式供地。

4. 划拨土地的管理

（1）划拨土地的转让

以划拨方式取得的国有土地使用权需要转让的，应当报有批准权的人民政府批准（一般为土地所在的市、县人民政府）。准予转让的，应当由受让方办理出让手续，缴纳出让金。应缴出让金最低不得低于该出让土地价格的40%。划拨土地补办出让手续的，出让年限自出让合同签订之日起算。

政策允许的，可以不办理出让手续，但转让方应将所获得收益中的土地收益上缴国家，其土地使用权继续按划拨土地管理。

下列情况经批准可以保留划拨土地使用权：

1）转让后仍用国家机关用地、军事用地、城市基础设施用地、公益事业用地、国家重点扶持的能源、交通、水利等项目用地的

2）私用住宅转让后仍用于居住的

3）按照国务院住房制度改革有关规定出售公有住宅的

4）同一宗土地上部分房屋转让而土地使用权不可分割转让的

5）转让的房地产暂时难以确定土地使用权出让用途、年限和其他条件的

6）根据城市规划土地使用权不宜出让的

7）县级以上政府规定暂时无法或不需要采取土地使用权出让方式的其他情形

（2）划拨土地的出租

以盈利为目的，房屋所有权人将以划拨方式获取使用权的国有土地上建成的房屋出租

的，应当将租金中所含的土地收益上缴国家。

（3）划拨土地抵押

设定房地产抵押的土地使用权是以划拨方式取得的，依法拍卖该房地产后，应当从拍卖所得价款中缴纳相当于应缴纳的土地使用权出让金的款额后，抵押权人方可优先受偿。

4.2.3　土地使用权转让

1. 土地使用权转让的含义

土地使用权转让，是房地产开发企业获取建设项目开发用地的又一途径。广义的土地使用权转让是指土地使用权发生转移的所有行为，包括土地使用权的出让。狭义的土地使用权转让是指通过出让方式获得国家土地使用权的土地使用者，通过买卖、赠与或者其他合法方式将土地使用权再转移的行为。土地使用权转让是土地使用权在不同使用者之间的横向流动，是土地市场最活跃的部分。

2. 土地使用权转让的特点

（1）土地使用权与地上建筑物、附着物一同转让

《物权法》第147条规定，建筑物、构筑物及其附属设施转让、互换、出资或者赠与的，该建筑物、构筑物及其附属设施占用范围内的建设用地使用权一并处分。

（2）权利义务一同转移

这里的权利义务，是指土地使用权从土地所有权分离时出让合同所载明的权利义务及其未行使和未履行部分。如土地的用途，出让合同约定为住宅用地，无论该地块的土地使用权经过多少次转让，均不因为转让而变成其他用途。再如土地的抵押权，其作为负担的一种，具有追及效力，其随土地使用权的转让一并转让，不因转让而归于消灭，抵押权人在土地使用权转让后仍可在该块土地设定的抵押担保的范围内享有优先受偿的权利。

（3）出让年限不因土地使用权的转移而改变

土地使用权出让的年限，应以出让合同设定的年限减去转让时已经使用的年限，其得数视为出让合同尚未履行之权利与义务，在转让土地使用权时随同转让。

3. 土地使用权转让的类型

根据《城镇国有土地使用权出让和转让暂行条例》的规定，当国有土地使用权转让时，转让双方必须签订转让合同，即以合同的形式进行土地使用权的转让。目前，土地使用权转让主要有出售、交换和赠与三种类型。

（1）土地使用权出售

是指土地使用者将土地使用权转移给其他公民、法人或经济组织，并获得土地使用权价款的行为。这种出售行为与一般意义上的买卖不同，土地使用权的出售只转移使用权，并受到一定规划条件的限制。

（2）土地使用权交换

是指双方当事人约定互相转移土地使用权，其本质是一种权利交易。交换在很多情况下，都是为了更好更合适的满足自己的经济需要。

（3）土地使用权赠与

是指赠与人把土地使用权无偿转移给受赠人的行为。土地作为一种财产，其权利人可以将其赠送给任何公民、法人和经济组织，其法律关系与一般赠与关系一致。

4.3　房地产开发项目规划管理

房地产开发项目规划管理主要涉及政府城乡规划管理部门下发《规划意见书（选址）》、核发《建设用地规划许可证》、设计方案审批、和核发《建筑工程规划许可证》等四个方面的工作。

4.3.1　开发项目选址、定点审批

本阶段的规划审批，主要针对以无偿划拨方式和协议出让方式获得国有建设用地使用权的开发建设项目。

需要进行开发项目选址和定点审批时，开发商须持政府计划管理部门对建设项目的批准、核准或备案文件，开发建设单位或其主管部门的用地申请（需表述选址要求、拟建项目性质及有关情况），拟建规划设计图（含主要技术经济指标）、开发项目意向位置的 1∶2000 或 1∶500 地形图及其他相关材料，向城乡规划管理部门提出开发项目选址、定点申请，由城乡规划管理部门审核后向城市土地管理部门等发征询意见表。开发商请有关部门填好征询意见表后，持该征询意见表、征地和安置补偿方案及经城市土地管理部门盖章的征地协议、项目初步设计方案、批准的总平面布置图或建设用地图，报城乡规划管理部门审核后，由城乡规划管理部门下发《规划意见书（选址）》。

城乡规划管理部门在《规划意见书（选址）》中，将确定建设用地及代征城市公共用地范围和面积，根据项目情况提出规划设计要求。规划设计要求包括三个方面的内容：

（1）规划土地使用要求（建筑规模、容积率、建筑高度、绿地率等）；

（2）居住建筑（包括居住区、居住小区、居住组团）的公共服务设施配套建设指标；

（3）建设项目与退让用地边界、城市道路、铁路干线、河道、高压电力线等距离要求。

以招拍挂出让方式获得国有建设用地使用权的开发建设项目，其项目选址阶段的《规划意见书（选址）》审批环节已经在土地一级开发环节完成，出让地块的位置、使用性质、开发强度等规划条件，已经作为《国有建设用地使用权出让合同》的组成部分确定下来，开发商只需向政府城乡规划主管部门领取《建设用地规划许可证》。

4.3.2　申领《建设用地规划许可证》

《建设用地规划许可证》是建设单位在向土地管理部门申请征用、划拨土地前，经城市规划行政主管部门确认建设项目位置和范围符合城市规划的法定凭证，是建设单位用地的法律凭证。没有此证的用地单位属非法用地，房地产开发商的售房行为也属非法，不能领取房地产权属证件，购房者将无法办理《房屋所有权证》。

在城市、镇规划区内以划拨方式提供国有土地使用权的建设项目，经有关部门批准、核准、备案后，建设单位应当向城市、县人民政府城乡规划主管部门提出建设用地规划许可申请，由城市、县人民政府城乡规划主管部门依据控制性详细规划核定建设用地的位置、面积、允许建设的范围，核发《建设用地规划许可证》。建设单位在取得建设用地规划许可证后，方可向县级以上地方人民政府土地主管部门申请用地，经县级以上人民政府

审批后，由土地主管部门划拨土地。

以出让方式取得国有土地使用权的建设项目，在签订国有土地使用权出让合同后，建设单位应当持建设项目的批准、核准、备案文件和国有土地使用权出让合同，向城市、县人民政府城乡规划主管部门领取建设用地规划许可证。

申领《建设用地规划许可证》时，开发商须持政府计划管理部门对建设项目的批准、核准或备案文件，《规划意见书（选址）》及附图复印件（招拍挂出让土地项目，由土地整理储备机构负责申报、提供）、国土资源行政主管部门《国有建设用地使用权出让合同》及其相关文件（协议出让和招拍挂出让土地项目）、建设用地钉桩成果通知单、按建设用地钉桩成果及绘图要求绘制的 1∶500 或 1∶2000 地形图等资料，向城乡规划管理部门提出申请。对于通过招拍挂出让方式获得国有建设用地使用权的开发项目，还应该提交建设用地申请文件（需表述取得用地的有关情况）和土地整理储备机构《国有建设用地使用权出让成交确认书》。城乡规划管理部门对建设用地使用性质、建设用地及代征城市公共用地范围和面积审核确定后，颁发《建设用地规划许可证》。

《建设用地规划许可证》主要规定了用地性质、位置和界限。

4.3.3 设计方案的审查

开发商可以自愿申请规划部门对设计方案进行审查，审查意见可供开发商作为委托设计单位绘制施工图的依据。对于未审查过设计方案的重大开发建设项目，将在规划设计招投标备案阶段对中标设计方案进行专项审查。

开发商应自行委托有规划设计资质的设计机构，按照《规划意见书（选址）》的要求，绘制规划设计方案图，然后持《建设项目规划许可及其他事项申报表》、《规划意见书（选址）》及附图复印件和设计方案图，向城乡规划管理部门提出设计方案审查申请，城乡规划管理部门接此申请后协同其他有关单位审查该详细规划设计方案。

开发商提交审查的设计方案，包括：

（1）以实测现状地形图为底图绘制的规划设计总平面图（单体建筑设计方案比例尺 1∶500，居住区设计方案比例尺 1∶1000）；

（2）各层平面图、各向立面图、各主要部位剖面图（比例尺 1∶100 或 1∶200）；

（3）各项经济技术指标及无障碍设施设计说明及其他相关资料。

对于通过招拍挂出让方式获得国有建设用地使用权的开发项目，开发商申请设计方案审查时，尚须提交由土地整理储备机构负责提供的《规划意见书（选址）》及附图复印件和《建设用地钉桩成果》等前期规划文件。

城乡规划管理部门进行设计方案审查的主要内容包括：设计方案的用地范围与规划确定的范围一致，建设项目的性质符合城市规划要求，容积率、建筑高度、建筑密度、绿地率符合城市规划的要求，停车位个数、建筑间距、公共服务设施符合法律、法规、规章和城市规划的要求，已经安排了必要的水、电、气、热等市政基础设施。

城乡规划部门对设计方案提出修改或调整意见的，开发商应根据审查意见对设计方案进行调整修改，再报城乡规划管理部门审查。审查通过后由城乡规划管理部门向开发商出具《设计方案审查意见》，并将相关审查意见分别抄送政府园林、人防、消防、市政、体育和行政主管部门。

4.3.4　申领《建设工程规划许可证》

《建设工程规划许可证》建设工程办理《建设工程施工许可证》，进行规划验线和验收，商品房销（预）售，房屋产权登记等的法定要件。没有此证的建设单位，其工程建筑是违章建筑，不能领取房地产权属证件。

开发商须持《建设项目规划许可及其他事项申报表》、《规划意见书（选址）》及附图复印件或《设计方案审查意见》及附图复印件、国土资源行政主管部门批准用地的文件、有资质设计单位按照《规划意见书（选址）》或《设计方案审查意见》及附图的要求绘制的建设工程施工图（施工图纸包括：图纸目录、无障碍设施设计说明、设计总平面图、各层平面图、剖面图、各向立面图、各主要部位平面图、基础平面图和基础剖面图）、《城市建设工程办理竣工档案登记表》、《勘察、设计中标通知书》（未进行设计方案审查的项目），向城乡规划管理部门提出申请。城乡规划管理部门接此申请后，将负责对相关文件进行与设计方案审查阶段内容相似的审查工作，通过审查后，签发《建设工程规划许可证》。

《建设工程规划许可证》包括下列内容：（1）许可证编号；（2）发证机关名称和发证日期；（3）用地单位；（4）用地项目名称、位置、宗地号以及子项目名称、建筑性质、栋数、层数、结构类型；（5）容积率面积及各分类面积；（6）附件包括总平面图、各层建筑平面图、各向立面图和剖面图。

4.4　房地产开发项目开工申请与审批

4.4.1　房地产开发工程招标

1. 招标方式

招标方式可以分为公开招标和邀请招标。房地产开发商可依开发项目的建设规模和复杂程度选择招标方式。

（1）公开招标

公开招标，是指招标人以招标公告的方式邀请不特定的法人或者其他组织投标进行公开招标时，开发商或其委托的招标代理机构，可通过海报、报刊、广播、电视等手段，在一定范围内，如全市、全国，大项目甚至可在全世界公开发布招标公告，或直接将招标公告寄给具有投标潜力的某些公司，以招揽具备相应条件而又愿意参加的一切承包商前来投标。

公开招标使开发商有较大的选择范围，开发商可以在众多的投标者之间选择报价合理、工期短、信誉良好的承包商，同他签订承包合同，将工程委托他负责完成。这种公开竞争的方式会促使承包商努力提高开发项目建设工程的质量，缩短工期并降低成本造价。

公开招标通常适用于工程项目规模较大、建设周期较长、技术复杂的开发项目建设。此时开发商不易掌握其造价和控制工期，因而可以通过公开招标方式，从中选择提供合理标价和较短工期的承包商作为承包单位。

按常规，开发商公开招标项目应授标给最低报价者，除非该最低报价者的标价是不合理的或根本无法实现的。

（2）邀请招标

邀请招标，是指招标人以投标邀请书的方式邀请特定的法人或者其他组织投标。邀请招标也称选择性招标。进行邀请招标时，由开发商或其委托的招标代理机构可向所信任的、具有相应资格的建筑承包商发送招标通知书或招标邀请函，邀请其参加开发项目建设投标竞争的一种发包方式。邀请招标是非公开招标方式的一种。被邀请参加投标的承包商通常在3～10个之间。

开发商或其委托的招标人可以在自己熟悉的承包商之间进行选择，或者先公开发布通知，邀请承包商报名，经过资格预审后再选定邀请对象。

采取邀请招标方式，由于被邀请参加竞争的投标人有限，开发商不仅可以节省招标费用，而且可以提高招标工作的效率，节省时间。但是这种招标方式限制了竞争范围，把许多可能的竞争者排除在外，这样也就缩小了开发商的选择余地。

邀请招标方式，一般适用于那些工程性质比较特殊，要求有专门经验的技术人员和专业技术，而且只有少数承包商能够胜任的建设项目；公开招标的结果未产生出中标单位的建设项目；由于工期紧迫或有保密要求等原因不宜公开招标的建设工程。

2. 招标程序

按照一般做法，房地产开发项目招标程序如下：

（1）申请招标

如果房地产开发建设项目列入了城市年度开工计划，开发商获得了土地使用权，领取了建设用地许可证和建设工程规划许可证，完成了拆迁安置工作，施工现场具备了"三通一平"或"七通一平"的建设条件，并且施工图纸齐备，资金和主要建筑材料已落实，那么开发商即可向当地建设主管部门办理建设工程开工审批手续。经批准后持建设主管部门同意招标的"建设工程开工审批表"和"招标申请书"，开发商可向当地招投标管理部门登记、申请招标，并领取招标用表。开发商只有在获得招标批准后，方可进行招标。

（2）编制招标文件

招标文件是开发商向投标人介绍工程情况和招标条件的重要文件，也是签订工程承包合同的基础。招标人应当根据招标项目的特点和需要编制招标文件。

招标文件应包括：工程综合说明，招标方式及对发包单位的要求，招标项目的技术要求，钢材、木材、水泥及其他主要材料（包括特殊材料）与设备的供应方式，工程款支付方式及预付款的百分比，合同条件和合同文本，投标须知，招标人认为应向投标人明确的问题，招标文件附件。对投标人资格审查的标准、投标报价要求和评标标准等所有实质性要求和条件以及拟签订合同的主要条款。

（3）编制招标工程标底

标底是招标工程的预期价格，是审核投标报价、评价、决标的重要依据之一。通过制定标底，使开发商预先明确自己在拟建工程中应承担的财务义务，从而安排资金计划。招标工程的标底可由开发商邀请有资格的概预算人员编制，亦可委托有营业执照的招标代理机构代编，并与编制招标文件同时进行。开发商必须把工程标底送当地合同预算审查机关确认，密封后再经当地招标管理办公室核准方能生效。

当前，编制招标工程标底的方法很多，按其所用的基础数据不同，可分为以施工图预算为基础编制；以概算额或扩大综合定额为基础编制；以平方米造价包干为基础编制等。

（4）确定招标方式，发布招标公告或邀请投标函

开发商完成标底编制后，即可决定采取何种招标方式，并在招标申请书中提出，经当地招标管理部门批准后实施。开发商根据所批准的形式，发出投标公告或邀请投标函。

采取公开招标方式时，招标人应当发布招标公告。开发商可视工程性质和规模，通过国家指定的报刊、信息网络或者其他媒介发布招标公告。招标公告应当载明招标人的名称和地址，招标项目的性质、数量、实施地点和时间以及获取招标文件的办法等事项。

招标人采用邀请招标方式时，应当向 3 个以上具备承担招标项目能力、资信良好的特定的法人或者其他组织发出投标邀请书。

（5）投标人资格审查

投标人资格审查的目的在于了解投标人的技术和财务实力以及施工经验，限制不符合条件的单位盲目参加投标，以使招标能获得比较理想的结果。在公开招标时，投标人资格审查通常放在发售招标文件之前进行，审查合格者才准许购买招标文件，故称之为资格预审。在邀请招标情况下，则在评标的同时进行资格审查。

开发商对投标人进行资格审查时应考虑以下几个方面：企业注册证明和技术等级；主要施工经历；技术力量简况；施工机械设备简况；在施工的承建项目；资金和财务状况。

如果采用邀请招标方式，投标人还须向开发商扼要说明对招标工程准备采用的主要施工方法。外地建筑企业参加投标，还须持有建设工程所在地城市主管部门签发的投标许可证。

（6）招标工程交底及答疑

开发商发出招标文件，招标人踏勘现场之后，开发商应邀请投标人的代表开会，进行工程交底，并解答疑问。工程交底的内容，主要是介绍工程概况，明确质量要求、验收标准及工期要求，若要由开发商供料，则应说明供料情况，材料款和工程款的支付方式以及投标注意事项等。

（7）开标、评标和决标

投标截止后，开发商应按规定的时间开标。开标会议由招标人即开发商主持，邀请各投标人和当地公证机构以及招标管理部门参加。开标时，由投标人或者其推选的代表检查投标文件的密封情况，也可以由招标人委托的公证机构检查并公证；经确认无误后，由工作人员当众拆封，宣读投标人名称、投标价格和投标文件的其他主要内容，并在预先准备好的表册上逐项登记。开标后，如果全部投标人的报价都超出标底过多，经复核标底无误，开发商可宣布本次投标无效，另组织招标。

评标由招标人依法组建的评标委员会负责。开标后首先应排除无效标书，并经公证人员检查确认，然后由评标委员会从工程技术和财务的角度审查评议有效的标书。评审的标准是中标单位拥有足以胜任招标工程的技术和财务实力，信誉良好，报价合理。评标委员在评审各有效投标后，应按标价从低到高的顺序列出清单，并写出评估报告，推荐 3 名候选的中标单位，交给开发商作最后抉择。

对一般不太复杂的工程，开发商可在开标会议上当场决定中标单位，同时公布标底，并通知未中标单位退回招标文件、领回押金的时间和地点。规模较大、内容复杂的工程，则应对开发商与评标委员会推荐的候选中标单位，就技术力量、施工方案、机械设备、材

料供应以及决定其标价的其他因素进行调查与磋商，全面衡量，择优决标。决标后，开发商应立即向中标单位发出中标通知书。

（8）签订合同

中标通知书发出后，开发商和中标单位应在约定期限内就签订合同进行磋商，双方就合同条款达成协议。签订了合同，开发商的招标工作即告圆满结束。

4.4.2 申领施工许可证

建设工程招标工作结束后，开发商就可以向工程所在地的县级以上人民政府建设行政主管部门申请领取"施工许可证"。

1. 申请领取施工许可证应具备的条件

（1）已经办理该建筑工程用地批准手续，获得了《国有土地使用权证》和《建设用地规划许可证》；

（2）在城市规划区的建筑工程，已经取得《建设工程规划许可证》；

（3）施工场地已经基本具备施工条件，需要拆迁的，已经获得《拆迁许可证》且拆迁进度符合施工要求；

（4）已经通过招投标确定了施工企业，签署了施工合同；

（5）有满足施工需要的施工图纸及技术资料，施工图设计文件已按规定进行了审查；

（6）有保证工程质量和安全的具体措施；

（7）建设资金已经落实。建设工期不足一年的，到位资金原则上不得少于工程合同价的50％，建设工期超过一年的，到位资金原则上不得少于工程合同价的30％；

（8）法律、行政法规规定的其他条件。

2. 申请办理施工许可证的程序

（1）建设单位向发证机关领取《建筑工程施工许可证申请表》。

（2）建设单位持加盖单位及法定代表人印鉴的《建筑工程施工许可证申请表》，并附本办法第四条规定的证明文件，向发证机关提出申请。

（3）发证机关在收到建设单位报送的《建筑工程施工许可证申请表》和所附证明文件后，对于符合条件的，应当自收到申请2日起15日内颁发施工许可；对于证明文件不齐全或者失效的，应当限期要求建设单位补正，审批时间可以自证明文件补正齐全后作相应顺延；对于不符合条件的，应当自收到申请之日起15日内书面通知建设单位，并说明理由。

（4）建筑工程在施工过程中，建设单位或者施工单位发生变更的，应当重新申请领取施工许可证。

3. 施工许可证的其他相关规定

（1）工程投资额在30万元以下或者建筑面积在300m² 以下的建筑工程，可以不申请办理施工许可证。省、自治区、直辖市人民政府建设行政主管部门可以根据当地的实际情况，对限额进行调整，并报国务院建设行政主管部门备案。必须申请领取施工许可证的建筑工程未取得施工许可证的，一律不得开工。

（2）任何单位和个人不得将应该申请领取施工许可证的工程项目分解为若干限额以下的工程项目，规避申请领取施工许可证。

（3）建设单位应当自领取施工许可证之日起3个月内开工，因故不能按期开工的，应当在期满前向发证机关申请延期，并说明理由；延期以两次为限，每次不超过 3 个月。既不开工又不申请延期或者超过延期次数、时限的，施工许可证自行废止。

（4）在建的建筑工程因故中止施工的，建设单位应当自中止施工之日起 2 个月内向发证机关报告，报告内容包括中止施工的时间、原因、在施部位、维修管理措施等，并按照规定做好建筑工程的维护管理工作。建筑工程恢复施工时，应当向发证机关报告；中止施工满 1 年的工程恢复施工前，建设单位应当报发证机关核验施工许可证。

4.4.3　与市政设施的接驳

房地产开发项目在项目立项，列入固定资产年度投资计划后，即可与自来水公司、供电公司、热电公司、煤气公司、市政养护部门进行接触商洽，起草协议，办理供水、供电、供热、供气、排污的手续，并按规定支付有关费用。此外，在建设施工过程中，还会涉及道路挖掘和道路占用等方面的问题。

除上述几个主要环节的工作外，房地产开发过程的前期工作可能还包括：征地、拆迁、安置、补偿；施工现场的水、电、路通和场地平整；安排短期和长期信贷；对拟开发建设的项目寻找预租（售）的客户；进一步分析市场状况，初步确定目标市场、租金或售价水平；制定项目开发过程的监控策略；洽谈开发项目保险事宜等。

上述工作完成后，对项目应再进行一次财务评估。因为前期工作需要花费一定时间，而决定开发项目成败的经济特性可能已经发生了变化。所以，明智的开发商一般在其初始投资分析没有得到验证，或修订后的投资分析报告还没有形成一个可行的开发方案之前，通常不会轻举妄动。

作为一条行业准则，开发商必须时刻抑制自己过高的乐观态度，并且保持一种"健康的怀疑"态度来对待其所获得的专业咨询意见。使自己既不期望过高的租金、售价水平，也不期望过低的开发成本。同时。开发商还必须考虑到某些意外事件可能导致的损失。如果开发商这样做了，即使他可能会失去一些投资机会，但也会避免由于盲目决策带来的投资失误。

4.5　城市房屋征收与补偿

4.5.1　城市房屋征收管理概述

2011 年 1 月 21 日，国务院第 590 号令颁布施行《国有土地上房屋征收与补偿条例》，原国务院颁布的《城市房屋拆迁管理条例》同时废止。

为了保障国家安全、促进国民经济和社会发展等公共利益的需要，对国有土地上单位、个人的房屋进行征收的活动。

其中公共利益的需要包括：

（1）国防和外交的需要；

（2）由政府组织实施的能源、交通、水利等基础设施建设的需要；

（3）由政府组织实施的科技、教育、文化、卫生、体育、环境和资源保护、防灾减灾、文物保护、社会福利、市政公用基础设施等公共事业的需要；

（4）由政府组织实施的保障性安居工程建设的需要；

（5）由政府依照城乡规划法有关规定组织实施的对危房集中、基础设施落后等地段进行旧城区改造的需要；

（6）法律、行政法规规定的其他公共利益的需要。

4.5.2 城市房屋征收的特点

（1）征收主体是政府

各地市、县级人民政府作为房屋征收部门组织实施本行政区域的房屋征收与补偿工作。房屋征收部门可以委托房屋征收实施单位，承担房屋征收与补偿的具体工作，但房屋征收实施单位不得以营利为目的。房屋征收部门对房屋征收实施单位在委托范围内实施的房屋征收与补偿行为负责监督，并对其行为后果承担法律责任。禁止建设单位参与搬迁活动，任何单位和个人都不得采取暴力、威胁或者中断供水、供热、供气、供电和道路通行等非法方式迫使被征收人搬迁。

（2）房屋征收应符合城市规划

征收房屋应当符合国民经济和社会发展规划、土地利用总体规划、城乡规划和专项规划。保障性安居工程建设、旧城区改建，应当纳入市、县级国民经济和社会发展年度计划。

（3）征收房屋应补偿后搬迁

政府在作出房屋征收决定前，征收补偿费用应当足额到位、专户存储、专款专用。作出房屋征收决定后，政府要对被征收人给予补偿，被征收人应当在补偿协议约定或者补偿决定确定的搬迁期限内完成搬迁。即使申请法院强制执行搬迁，申请书也应当附上补偿金额和专户存储账号、产权调换房屋的地点和面积等材料。

（4）征收补偿价格不得低于市场价格

对被征收人的补偿包括被征收房屋价值的补偿、搬迁与临时安置补偿、停产停业损失补偿和补助、奖励。对被征收房屋价值的补偿不得低于类似房地产的市场价格，市场价格包含了土地使用权的价值，不低于市场价格就可以保证被征收人所得补偿在市场上能买到区位、面积、用途、结构相当的房屋。

（5）取消行政强制拆迁

《国有土地上房屋征收与补偿条例》规定，被征收人在法定期限内不申请行政复议或者不提起行政诉讼，又不履行补偿决定的，由作出房屋征收决定的市、县级人民政府依法申请人民法院强制执行。将政府的征收决定提交法院来判决，为强制征收设置了一道屏障，政府不再极其便利地任意采取强拆方式，即使法院强制执行拆除，也不会使强拆事件泛滥，使得恶性强拆事件得以缓和。

（6）违章建筑不予补偿

市、县级人民政府作出房屋征收决定前，应当组织有关部门依法对征收范围内未经登记的建筑进行调查、认定和处理。对认定为合法建筑和未超过批准期限的临时建筑的，应当给予补偿；对认定为违法建筑和超过批准期限的临时建筑的不予补偿。

4.5.3 城市房屋征收的程序

1. 拟定征收补偿方案

房屋征收部门拟定征收补偿方案，报市、县人民政府。市、县级人民政府应当组织有关部门对征收补偿方案进行论证并予以公布，征求公众意见。征求意见期限不得少于 30 日。

2. 举行听证会

市、县级人民政府应当将征求意见情况和根据公众意见修改的情况及时公布。因旧城区改建需要征收房屋，多数被征收人认为征收补偿方案不符合本条例规定的，市、县级人民政府应当组织由被征收人和公众代表参加的听证会，并根据听证会情况修改方案。

3. 作出征收决定

（1）风险评估

市、县级人民政府作出房屋征收决定前，应当按照有关规定进行社会稳定风险评估；房屋征收决定涉及被征收人数量较多的，应当经政府常务会议讨论决定。

（2）征收补偿费

作出房屋征收决定前，征收补偿费用应当足额到位、专户存储、专款专用。

（3）决定并公告

市、县级人民政府作出房屋征收决定后应当及时公告。公告应当载明征收补偿方案和行政复议、行政诉讼权利等事项。市、县级人民政府及房屋征收部门应当做好房屋征收与补偿的宣传、解释工作。房屋被依法征收的，国有土地使用权同时收回。

4. 调查登记

房屋征收部门应当对房屋征收范围内房屋的权属、区位、用途、建筑面积等情况组织调查登记，被征收人应当予以配合。调查结果应当在房屋征收范围内向被征收人公布。

5. 签订征收补偿协议

房屋征收部门与被征收人就补偿方式、补偿金额和支付期限、用于产权调换房屋的地点和面积、搬迁费、临时安置费或者周转用房、停产停业损失、搬迁期限、过渡方式和过渡期限等事项，签订补偿协议。

房屋征收部门与被征收人在征收补偿方案确定的签约期限内达不成补偿协议，或者被征收房屋所有权人不明确的，由房屋征收部门报请作出房屋征收决定的市、县级人民政府依照本条例的规定，按照征收补偿方案作出补偿决定，并在房屋征收范围内予以公告。

6. 实施房屋搬迁

作出房屋征收决定的市、县级人民政府对被征收人给予补偿后，被征收人应当在补偿协议约定或者补偿决定确定的搬迁期限内完成搬迁。

4.5.4 城市房屋征收补偿

1. 补偿对象

房屋征收补偿对象是指被征收房屋及其附属物的所有权人，房屋所有权人一般为登记簿或房屋权属证书上记载的权利人。

2. 补偿内容

作出房屋征收决定的市、县级人民政府对被征收人给予的补偿包括：

（1）被征收房屋价值的补偿；

（2）因征收房屋造成的搬迁、临时安置的补偿；

（3）因征收房屋造成的停产停业损失的补偿。

房屋征收范围确定后，不得在房屋征收范围内实施新建、扩建、改建房屋和改变房屋用途等不当增加补偿费用的行为；违反规定实施的，不予补偿。

3. 补偿方式

被征收人可以选择货币补偿，也可以选择房屋产权调换。

（1）货币补偿

政府对被征收的房屋按其价值，以货币结算的方式补偿给被征收房屋的所有人。

对被征收房屋价值的补偿，不得低于房屋征收决定公告之日被征收房屋类似房地产的市场价格。被征收房屋的价值，由具有相应资质的房地产价格评估机构按照房屋征收评估办法评估确定。

对评估确定的被征收房屋价值有异议的，可以向房地产价格评估机构申请复核评估。对复核结果有异议的，可以向房地产价格评估专家委员会申请鉴定。

（2）产权调换

政府用异地或原地重建的房屋与被征收人的房屋按一定标准进行交换的补偿方式。

因旧城区改建征收个人住宅，被征收人选择在改建地段进行房屋产权调换的，作出房屋征收决定的市、县级人民政府应当提供改建地段或者就近地段的房屋。

产权调换房屋交付前，房屋征收部门应当向被征收人支付临时安置费或者提供周转用房。

4. 城市房屋征收与补偿纠纷的解决

（1）被征收人对征收决定不服

被征收人对征收决定不服的，可以申请行政复议，也可以行政诉讼。在行政复议及行政诉讼期间，终止房屋征收决定的执行，以最终生效的司法裁判为解决纠纷的依据。

（2）被征收人拒绝在规定期限内搬迁

被征收人在法定期限内不申请行政复议或者不提起行政诉讼，在补偿决定规定的期限内又不搬迁的，则由作出房屋征收决定的市、县级人民政府依法申请人民法院强制执行。

（3）征收人暴力强拆

采取暴力、威胁或者违反规定中断供水、供热、供气、供电和道路通行等非法方式迫使被征收人搬迁，造成损失的，依法承担赔偿责任；对直接负责的主管人员和其他直接责任人员，构成犯罪的，依法追究刑事责任；尚不构成犯罪的，依法给予处分；构成违反治安管理行为的，依法给予治安管理处罚。

（4）被征收人暴力阻碍拆迁

采取暴力、威胁等方法阻碍依法进行的房屋征收与补偿工作，构成犯罪的，依法追究刑事责任；构成违反治安管理行为的，依法给予治安管理处罚。

4.6　国有闲置土地的处理

4.6.1　闲置土地的定义

1. 闲置土地的概念

闲置土地是指土地使用者依法取得土地使用权后，未经原批准机关的同意，超过规定的期限未动工开发建设的建设用地。

2. 闲置土地的认定

依据国土资源部 2012 年 7 月 1 日施行的《闲置土地处置办法》规定，闲置土地主要包括以下两种情况：

（1）国有建设用地使用权人超过国有建设用地使用权有偿使用合同或者划拨决定书约定、规定的动工开发日期满 1 年未动工开发的国有建设用地。

（2）已动工开发但开发建设用地面积占应动工开发建设用地总面积不足 1/3 或者已投资额占总投资额不足 25%，中止开发建设满 1 年的国有建设用地。

4.6.2　造成土地闲置的原因

造成土地闲置的原因有很多，大体可以分为三种情况，一是因政府行为造成的土地闲置；二是因自然灾害造成的土地闲置；三是因土地使用者为最求某种利益等自身原因造成的土地闲置。

其中因政府行为造成的土地闲置包括以下几种情况：

（1）因未按照国有建设用地使用权有偿使用合同或者划拨决定书约定、规定的期限、条件将土地交付给国有建设用地使用权人，致使项目不具备动工开发条件的；

（2）因土地利用总体规划、城乡规划依法修改，造成国有建设用地使用权人不能按照国有建设用地使用权有偿使用合同或者划拨决定书约定、规定的用途、规划和建设条件开发的；

（3）因国家出台相关政策，需要对约定、规定的规划和建设条件进行修改的；

（4）因处置土地上相关群众信访事项等无法动工开发的；

（5）因军事管制、文物保护等无法动工开发的；

（6）政府、政府有关部门的其他行为。

4.6.3　闲置土地的处理方式

1. 政府行为造成土地闲置的处理

（1）延长动工开发期限

签订补充协议，重新约定动工开发、竣工期限和违约责任。从补充协议约定的动工开发日期起，延长动工开发期限最长不得超过一年。

（2）调整土地用途、规划条件

按照新用途或者新规划条件重新办理相关用地手续，并按照新用途或者新规划条件核算、收缴或者退还土地价款。改变用途后的土地利用必须符合土地利用总体规划和城乡规划。

（3）由政府安排临时使用

待原项目具备开发建设条件，国有建设用地使用权人重新开发建设。从安排临时使用之日起，临时使用期限最长不得超过两年。

（4）协议有偿收回国有建设用地使用权

（5）置换土地

对已缴清土地价款、落实项目资金，且因规划依法修改造成闲置的，可以为国有建设用地使用权人置换其他价值相当、用途相同的国有建设用地进行开发建设。涉及出让土地的，应当重新签订土地出让合同，并在合同中注明为置换土地。

（6）市、县国土资源主管部门还可以根据实际情况规定其他处置方式

2. 因自然灾害造成土地闲置的处理

因自然灾害等不可抗力导致土地闲置的，依照上述方式进行处理。

3. 非政府行为造成土地闲置的处理

（1）征收土地闲置费

未动工开发满一年的，由市、县国土资源主管部门报经本级人民政府批准后，向国有建设用地使用权人下达《征缴土地闲置费决定书》，按照土地出让或者划拨价款的20%征缴土地闲置费。土地闲置费不得列入生产成本。

（2）无偿收回国有建设用地使用权

未动工开发满两年的，由市、县国土资源主管部门报经有批准权的人民政府批准后，向国有建设用地使用权人下达《收回国有建设用地使用权决定书》，无偿收回国有建设用地使用权。闲置土地设有抵押权的，同时抄送相关土地抵押权人。

【思考题】

1. 房地产开发的前期工作包括哪些方面的工作？
2. 房地产开发企业获取国有土地使用权的途径有哪些？
3. 哪些项目可以通过划拨方式获取国有土地使用权？
4. 申领《施工许可证》的条件是什么？
5. 房地产开发过程的规划管理主要体现在哪些方面？
6. 与市政设施的接驳包括哪些内容？
7. 城市房屋征收的特点有哪些？
8. 政府行为和非政府行为造成的土地闲置分别如何处理？

【实训题】

【背景】

冲着小区楼房间距有50m、小区绿化率为50%的宣传广告，上海一些市民先后购买名为"××阁"的商品房入住。岂料两年后开发商又改变建筑方案，楼房的间距仅为30.4m。为此，38户业主于2003年3月下旬以商品房预售合同纠纷提起诉讼。

面对起诉，房产开发商称，小区规划系政府提出的要求。业主们的预售合同中，虽附有小区平面示意图，但示意图注明"本规划图属于规划阶段方案图，最终以某规划土地局批准文件为准"。

【问题】

1. 你怎样看待这个案例？
2. 谁有权更改小区规划？

第5章 房地产开发建设管理

学习目标

1. 了解房地产开发项目建设阶段的"三控";
2. 掌握房地产开发项目的成本构成;
3. 熟悉不同阶段房地产开发项目成本控制的措施;
4. 熟悉不同阶段房地产开发项目进度控制的措施;
5. 了解住宅项目常见的质量问题;
6. 熟悉不同阶段房地产开发项目质量控制的措施;
7. 熟悉"两书"的内容。

房地产开发项目建设阶段是指开发项目从开工到竣工验收所经历的过程。开发企业在建设阶段的主要工作目标,就是要在投资预算范围内,按项目开发进度计划的要求,高质量地完成项目建设,使项目按时投入使用,开发企业的建设阶段所涉及的管理工作,就是从业主的角度,对建设过程实施包括成本、进度、质量、竣工验收等工程项目管理。

5.1 房地产开发项目成本控制

"物美、价廉、有特点"是商品畅销的三大基本原则,成本控制是确保"价廉"的根本。项目成本控制是监督工程费用、降低工程造价的重要手段。房地产开发企业的利润来自于销售收入和总开发成本的差值,而工程成本又是总开发成本的主要组成部分,因此,控制成本是开发企业提高经济效益的主要手段。

5.1.1 开发项目的成本构成

1. 土地取得成本

土地对于整个社会而言是一种稀缺资源,因此建造住宅所占用的土地必须支付相应的土地费用。土地取得成本主要包括以下几部分:征地补偿费用、拆迁补偿费、土地使用权出让金、基础设施配套建设费。其中城市基础设施配套费是指项目用地红线外的水暖电气等市政基础设施配套费用。

2. 开发成本

(1) 前期工程费用,是指开发项目前期所发生的各项费用,主要包括三通一平费用和专业费用。三通一平费是指使建筑地段的土地平整,达到通水、通电、通路等投入的资金。专业费用指支付给设计公司的规划、设计等费用,以及项目的可行性研究、水文、地质、勘探、测绘等的费用支出。

（2）建筑、安装工程费，是指房屋主体部分的土建工程、水电安装工程、装修工程等建设发生的费用。主要包括建筑材料费、施工费用、人工成本等。建筑、安装成本是普通商品住宅开发成本的直接构成部分，其费用的高低直接影响开发项目的结构、功能和质量。

（3）基础设施建设费，是指小区用地规划红线以内的道路、供水、供电、供气、供热、有线电视、电信、路灯、防盗、绿化、环卫、排污、排水、消防设施等基础设施建设所发生的费用。

（4）公共配套设施建设费，是指为住宅小区服务的公共设施和生活服务设施的建设费用，包括教育、医疗卫生、文化体育、商业服务、金融邮电、社区服务、行政管理、市政公用设施。

（5）开发间接费：是指为房地产开发企业直接经营组织、管理开发项目发生的各项费用，包括工资、职工福利、折旧费、修理费、办公费、水电费、劳动保护费、周转房摊销等项支出。

3. 期间费用

期间费用是指房地产开发企业在开发经营过程中发生的管理费用、财务费用、销售费用等支出。

（1）管理费用，是指房地产开发企业为组织和管理项目开发和经营活动所必需发生的费用，一般包括房地产开发企业员工工资、员工福利费、办公费、差旅费等。

（2）财务费用，是指房地产开发企业在开发经营过程中为筹措建设资金而发生的各项费用，包括企业经营期间发生的利息净支出、汇兑净损失、调剂外汇手续费、金融机构手续费以及企业筹资发生的其他财务费用。

（3）销售费用，是指预售尚未开发完成的或销售已经完工的房地产开发项目所必需消耗的费用，一般包括广告费、宣传资料制作费、样板房装修费用、售楼处建设费以及销售人员（或销售代理）费用等。

4. 税金

指依据国家税收法律、法规规定应当缴纳的营业税、城市维护建设税、教育费附加等。税金按国家规定的税目和税率执行。

5.1.2 开发项目成本超支的原因及措施

1. 成本超支的原因分析

（1）缺乏全员成本控制意识

长期以来，企业一直把成本管理作为少数管理人员的专项工作，认为成本、效益都应该由企业领导和财务部门负责，而把各部门的员工仅看做生产者。广大员工对于哪些成本应该控制，怎样控制等问题无意也无力过问，成本意识淡漠。企业由于缺乏全员成本控制的意识，失去了偌大的管理群体，当然难以真正取得成效。

（2）缺乏全方位成本控制意识

一方面，企业没有从价值链的角度对房地产开发进行分析，仅仅局限于对材料采购、建筑安装等"显性成本"控制，忽视了对规划设计、工程招标、合同管理等"隐形成本"控制。另一方面，企业局限于传统的"节约一度电，一张纸"的简单、狭窄的成本控制模式之内，却忽视了潜在的成本损失，尚未对成本实行全方位的控制。

（3）缺乏全过程成本控制观念

成本管理是一个系统的工作，但目前有些企业却过分偏重于事后的反馈，对事前、事中的控制缺乏力度。成本管理基础工作薄弱，缺少一套完善的成本管理制度，甚至只求形式，不讲实效。考核制度不完善，力度不大，无法调动员工的积极性。

2. 成本控制的主要措施

降低施工项目成本的途径，应该是既增收又节支。归纳起来有六大方面：组织措施、技术措施、经济措施、合同措施、信息管理和协调管理。

（1）组织措施

由于房地产开发环节较多，涉及专业较广，很难由一个部门对成本进行控制，因此需要各个部门相互配合、信息沟通来共同完成。如何将房地产开发各个环节的成本控制形成一个整体联动系统，需要建立一个目标成本控制体系。首先在项目开发前期，科学测算目标成本指标，再按照不同项目分解到各个责任部门，形成责任成本目标，辅以动态信息跟踪、监控、调整等措施，最终实现房地产项目成本的控制目标。

（2）技术措施

应用价值工程原理、网络计划技术等现代管理理论与方法进行多方案选择。制订先进的、经济合理的施工方案，以达到缩短工期、提高质量、降低成本的目的；在施工过程中努力寻求各种降低消耗、提高工效的新工艺、新技术、新材料等措施；严把质量关，杜绝返工现象，缩短验收时间，节省费用开支。例如，项目经理部应加强科学的计划管理和施工调度，避免因施工计划不周、盲目调度造成窝工损失、机械利用率降低、物料积压等导致项目成本增加。

（3）经济措施

1）人工费控制管理。主要是改善劳动组织，减少窝工浪费；实行合理的奖惩制度；加强技术教育和培训工作；加强劳动纪律，压缩非生产用工和辅助用工，严格控制非生产人员比例。

2）材料费控制管理。主要是改进材料的采购、运输、收发、保管等方面的工作，减少各个环节的损耗，节约采购费用；合理堆置现场材料，避免和减少二次搬运；严格材料进场验收和限额领料制度；制订并贯彻节约材料的技术措施，合理使用材料，综合利用一切资源。

3）机械费控制管理。主要是正确选配和合理利用机械设备，搞好机械设备的保养修理，提高机械的完好率、利用率和使用效率。

4）间接费及其他直接费控制。主要是精简管理机构，合理确定管理幅度与管理层次，节约施工管理费等。

（4）合同措施

在项目成本控制中，全面、认真地履行合同，按规定的程序及时做好签证、记录，正确运用施工合同条件和有关法规，妥善处理工程变更和索赔等事宜。另外还要确定对目标控制有利是开发项目建设组织管理模式和合同结构，分析不同合同之间的相互联系和影响，对每一个合同做总体和具体分析。这些合同措施对目标控制越具有全局性的影响，其作用就越大。

（5）信息管理

项目的实施管理是离不开信息的，在项目实施管理活动中对所需要的或产生的各种信息进行搜集、整理、处理、存储、传递、应用等一系列工作总称为信息管理。在项目的实施过程中，管理者不断预测和发现问题，要不断地进行规划、决策、执行和检查，做好这些工作都离不开相应的信息，进行目标控制同样是以信息为基础，任何控制只有在信息的支持下才能有效地进行。

（6）协调管理

工程项目内部关系与外部关系协调一致是工程项目顺利进行的必要条件，具体协调工作有施工活动与政府有关部门之间的协调；房地产企业与承包商之间的协调；工程施工生产要素，如劳务、材料、设备、资金供应等方面的协调；项目各施工单位、各施工工序在时间、空间上的配合与协调等。

5.1.3　设计阶段的成本控制

项目成本控制贯穿于房地产项目开发建设的全过程，包括策划、设计、施工、销售等各阶段，房地产开发项目成本控制的重点是设计阶段的投资控制。从国内外建设工程实践可以看出，影响项目投资最大的阶段是占开发项目建设周期四分之一的技术设计结束前的工作阶段。在初步设计阶段，影响开发项目投资的可能性为 $75\%\sim95\%$；在技术设计阶段，影响项目投资的可能性为 $35\%\sim75\%$；在施工图设计阶段，影响项目投资的可能性为 $5\%\sim35\%$。可见，成本管理的关键是施工以前的投资决策和设计阶段，而作出投资决策后，关键则在于设计。例如，世界瞩目的中国国家体育馆工程（鸟巢工程），经过专家们对设计的合理性进行审核后，进行了钢结构瘦身设计，在没有改变功能的情况下，节约了大量的钢材，降低了造价成本。所以，设计方案的优化对工程建设成本有着举足轻重的作用。在设计阶段，可以采取以下措施对成本进行控制：

1. 推行设计招标，择优选择设计单位

积极推行建筑方案与经济方案相结合的设计招标方法，尽量将工程主体及配套的围护、绿化等均放在一起进行招标，采用多家竞投，组织有关专家综合评比，这样既可优选出好的设计单位，又可促进设计方在项目整体布局、建筑造型及使用功能上开拓创新，在降低工程造价上下工夫。

2. 开展限额设计，有效控制造价

不少设计单位存在着设计不精、深度不够的情况。这是增加工程造价的不确定因素。由于设计频繁变更，给工程造价控制带来一定的难度。依据开发经验和投资估算的要求，必须有效地确定设计限额，并建立奖惩考核激励机制。对哪个专业或哪一段突破了造价指标，必须分析原因，用设计修改的办法加以解决。克服那种只顾画图、不顾算账的倾向，变"画了算"为"边算边画"。并利用同类建筑工程的技术指标进行科学分析、比较，优化设计，降低工程造价。

3. 加强设计出图前的审核工作

将工程变更的发生尽量控制在施工之前。从设计阶段所设计的成果来看，设计方案的不足或缺陷加以克服时，所花费的代价最小，可取得的效果最好。在设计出图前加强对设计图纸的审核管理工作，以求得提高设计质量，避免将设计的不足带到施工阶段，减少不必要的浪费。

5.1.4　施工阶段的成本控制

1. 严格控制材料用量，合理确定材料价格

材料费在建筑工程中占有很大比重，一般占预算价值 70%，占直接费的 80% 左右。因此材料用量、材料价格对施工阶段的工程造价影响很大，只有严格按照合同中的材料用量控制，合理确定材料价格，才能有效地控制工程造价。在合同签订前，应仔细审核、确定工程量清单、基本单价，控制主要材料价格。对于主要材料、钢材、水泥等，应由采购部统一采购，既保证工程质量和工程进度，也有利于造价的控制。主要材料费用的有效控制使整个施工阶段的造价比较容易地控制在承包价内。

2. 严把设计变更关，尽量减少设计变更

在建设工程施工过程中，引起设计变更的原因很多。如：工程设计粗糙，使工程实际与发包时提供的图纸不符；当前市场供应的材料规格标准不符合设计要求等。如何减少设计变更，首先应严禁通过设计变更扩大建设规模，提高设计标准，增加建设内容，一般情况下不允许设计变更，除非不变更会影响项目功能的正常发挥，或使项目无法继续进行下去，又或者因政策变动，该设计变更能为项目带来更大的收益。其次，认真处理必须发生的设计变更，对于涉及费用增减的设计变更，必须经设计单位代表、开发商现场代表、总监理工程师共同签字方为有效。另外，有条件的开发商可以指派工程造价管理专业人员常驻施工现场，随时掌握、控制工程造价的变化情况。

3. 合理确定工程变更价款

由监理工程师签发工程变更指令，进行设计变更或更改作为投标基础的其他合同文件，由此导致的经济支出和承包方的损失，由开发商承担，延误的工期相应顺延；由于承包商违约所导致的变更，而引起的工程投资成本增加和费用增加由承包方承担；工程变更发生后，承包方应在工程变更后合同约定期内，提出变更工程价款的报告，并经现场监理工程师确定后调整合同价款。若承包方在合同约定期限内不向监理工程师提出变更工程价款报告时，视为该项变更不涉及工程价款的变更。监理工程师收到变更工程价款报告或方案后，应及时予以确认，工程师不同意承包方提出的变更价格，应按照合同约定的争议解决方法处理。

5.1.5　项目销售阶段的成本控制

房地产开发项目销售阶段的成本控制主要是控制销售费用支出，销售费用支出的主要部分一般为房地产销售广告支出费用。一般情况下，房地产销售费用为房地产商品销售价格的 2%～4%，费用数额大，对房地产开发利润的高低有直接影响。控制销售成本的关键取决于如何进行销售策划，广告费用如何支出，采取何种形式。应根据项目规模大小、档案及所在地的社会经济条件等多种因素确定。21 世纪是网络经济时代，利用网络开展房地产营销将是降低开发商销售成本的有效手段，将传统营销策划方式与现代网络技术有效结合起来是房地产开发商降低成本的关键。

5.2　房地产开发项目进度控制

项目的进度控制是施工现场管理最为重要的工作。工程进度控制包括：对项目建设总周期目标进行具体的论证与分析,编制项目的进度计划,编制其他配套进度计划;监督建设项目进度计划的执行,施工现场的调研与分析等。建设项目总周期的论证与分析,就是对整个项目进行通盘考虑、全面规划,指导人力、物力的运用和时间、空间的安排,确定经济合理的施工方案。

5.2.1 工程进度控制的范围

房地产进度控制的总目标贯穿在整个项目的实施阶段中,要保证进度目标的顺利完成,要保证计划目标与实际值的一致。则项目管理者在进行项目进度控制时,要渗透到项目实施的全过程中去,对项目的各个方面进行进度控制。项目进度控制的范围包括:

1. 项目的各个阶段

从房地产项目进度控制的概念,可以看出,房地产项目的进度控制不仅包括施工阶段,还要包括项目前期策划阶段、设计阶段、项目招标阶段、竣工验收阶段和后期管理阶段,即项目进度控制涉及项目建设的全过程。

2. 项目的各个组成部分

项目管理者在进行进度控制时,对组成房地产项目的所有组成部分进行全方位的进度控制。包括:红线内工程和红线外配套工程;土建工程和设备工程以及给水排水、供暖通风、道路和绿化等工程。

3. 项目的所有工作

为了确保房地产项目按计划进度实施完成,就需要把有关项目建设的各项工作,如设计、施工准备、工作招标以及材料设备供应、竣工验收等列入进度控制的范围之内。因此,凡是影响房地产项目进度的工作都将成为进度控制的对象。

4. 影响进度的各项因素

由于房地产项目具有资金庞大、业务复杂、建设周期长、涉及相关单位多等特点,造成影响项目进度的因素很多,如:人的因素,技术因素,材料设备因素,政治、经济、文化等社会因素,还有其他不确定因素等,若要有效进行项目进度控制就必须对上述各种因素进行全面的分析与预测。当然这些因素中以"人的因素"为重点,有来自开发商的,有来自设计、施工及供货单位的,还有来自政府、建设主管部门、有关协作单位和社会其他单位的。因此,在项目进度控制的过程中,要加强"人的因素"的控制管理,保证项目进度目标的实现。

5.2.2 施工准备阶段进度控制

1. 工程项目施工计划工期目标的确定与分解

在施工准备阶段,首先需要根据合同工期等因素,确定工程项目施工的计划工期目标。工期目标确定之后,再将其分解为施工全过程的几个阶段性目标。例如,住宅项目分为基础工程、土方工程、砌筑工程、屋面与装饰工程、安装工程等几个主要阶段的进度目标。

2. 统计计算每项工程内容的工作量

一般情况下用工程量表中的计量单位来表示单项工程的工作量,例如,土方工程和混凝土工程用立方米表示,抹灰工程用平方米表示,管道工程用延长米表示等。

3. 计算每个单项工程工作量所需的时间

按照正常的施工程序和施工总方案中所选用的施工设备水平，以熟练工人正常的工作效率计算确定每个单项工程所需要的时间，一般用天数来表示。

4. 编制施工进度计划

施工进度计划的表达方式有横道图法和网络图法两种。

1）横道图法

这是一种以横向线条结合时间坐标来表示每项工序的施工起止时间和先后顺序的工程计划表达方式。每一水平横道线显示每项工序的开始和结束时间，每一横道的长度表示该项工序的持续时间。在表示时间的横向线上，根据项目计划的需要，度量项目进度的时间单位可以用月、旬、周或天表示，如图 5-1 所示。

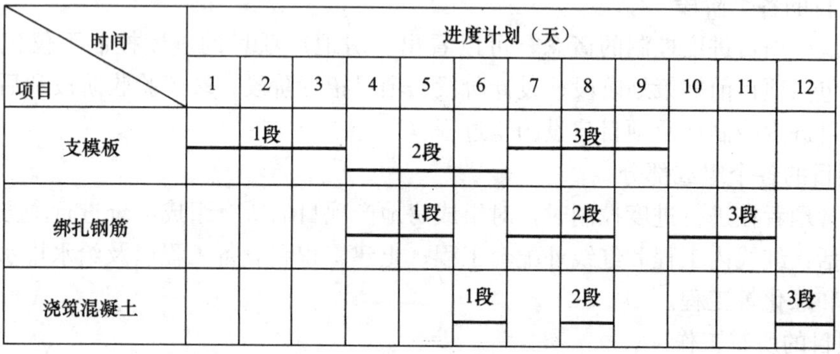

时间
项目
进度计划（天）
1 2 3 4 5 6 7 8 9 10 11 12
支模板
1段
2段
3段
绑扎钢筋
1段
2段
3段
浇筑混凝土
1段
2段
3段

图 5-1　横道图表示进度计划

横道图的优点是编制简便、明了，能清楚地表明各项工作的前后关系。对于并不十分复杂的工程，采用这种方法是比较合适的。

2）网络图法

工程网络计划技术是采用网络图的形式编制工程进度计划，并在计划实施过程中加以控制，以保证实现预定目标的计划管理技术。网络图是由箭头线和节点组成的有向、有序的网状图形，如图 5-2 所示。

支模1
3
支模2
3
支模3
2
筋1
2
筋2
2
筋3
2
混凝土1
1
混凝土2
1
混凝土3
1
1
2
3
4
5
6
7
8
9
10

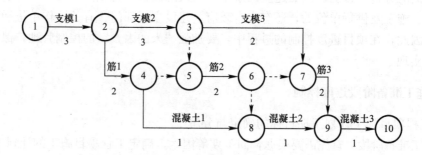

图 5-2　网络图表示进度计划

5. 制定施工进度控制工作细则

在开工前制定详细的施工进度控制工作细则，是对项目施工进度进行有效控制的重要措施，其主要内容包括：

1）进度控制人员的确定与分工；

2）制定进度控制工作流程；

3）明确进度控制工作方法。如进度检查法，进度数据收集、统计、整理方法，进度偏差分析与调整方法等；

4）设置进度控制点。在进度计划实施前要明确哪些事件是对施工进度和工期有重大影响的关键性事件，这些事件是项目施工进度控制的重点。

5.2.3 施工阶段进度控制

施工阶段进度控制是项目进度控制的关键，其主要工作内容如下：

1. 施工进度的跟踪检查

在工程项目施工进度中，进度控制人员要通过收集作业层进度报表、召开现场会议和亲自检查实际施工进度等方式，随时了解和掌握实际进度情况。

2. 收集、整理和统计有关进度数据

在跟踪检查施工进度过程中，要全面、系统地收集有关进度数据，并经过整理和统计，形成正确反映实际进度情况、便于将实际进度与计划进度进行对比的数据资料。

3. 将实际进度与计划进度进行对比分析

经过对比，分析出是否发生了进度偏差，即实际进度比计划进度拖后或超前，并分析原因。

4. 分析进度偏差对工期和后续工作的影响

当发生进度偏差之后，要进一步分析该偏差对工期和后续工作有无影响，影响到什么程度。

5. 分析是否需要进行进度调整

当分析出进度偏差对工期和后续工作的影响之后，还要视工期和后续工作是否允许产生这种影响，以及允许影响到什么程度来决定是否对施工进度进行调整。

一般从工期控制角度来看，某些工作的实际进度比计划进度超前是有利的。所以进度控制工作的重点是进度发生拖后现象后，要通过分析决定是否需要调整。当然超前过多也会影响到资源供应、资金使用等问题。

6. 采取进度调整措施

当明确了必须进行施工进度调整后，还要具体分析产生这种进度偏差的原因，并综合考虑进度调整对工程质量、安全生产和资源供应等因素的影响，确定在哪些后续工作上采取技术上、组织上或经济上的调整措施。

7. 实施调整后的进度计划

调整后的新计划实施后，重复上述控制过程，直至工程项目全部完工。

5.3 房地产开发项目质量控制

5.3.1 住宅项目常见质量问题

房地产项目常见质量问题比较多，以住宅为例，其整体质量包括住宅的安全性质量问题、功能性质量问题、观感性质量和适用性质量问题。

（1）安全性质量问题

住宅质量的安全性直接决定了住宅作为产品使用的可靠性。从住宅使用者的反映来看，住宅的安全性质量问题包括：桩基础工程质量问题；钢筋、混凝土工程质量问题；外墙砖空鼓、开裂、脱落等质量问题；基坑、边坡支护工程质量问题；栏杆、护栏、人车行通道质量问题等。

（2）功能性质量问题

住宅的功能指住宅满足人们日常生活使用要求的机能，其质量的高低直接影响了人们对生活质量的满足程度。但从目前情况来看，影响人们生活质量的问题屡屡存在，如飘窗渗漏问题；外墙渗漏问题；屋面渗漏问题；卫生间渗漏问题等。这些功能性质量问题的存在，给人们的生活带来的极大的不便，甚至会影响到房地产开发企业的信誉和口碑。见图 5-3 和图 5-4。

图 5-3 某住宅外墙开裂

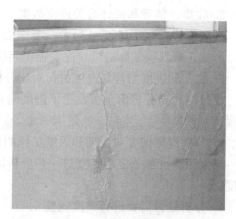
图 5-4 某住宅飘窗渗水

（3）观感性质量问题

住宅项目的观感性质量问题主要体现在，如：内墙空鼓、开裂问题；内部空间尺寸方正、净高、垂直度、平整度等问题；门窗、设备、管线污染、划痕等问题；外墙平整、褪色、返碱等问题。见图 5-5 和图 5-6。

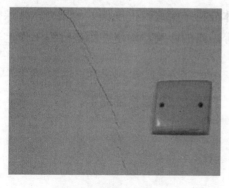
图 5-5 某住宅内墙开裂

图 5-6 某住宅未预留空调安装位置

（4）适用性质量问题

住宅项目的适用性质量问题体现在，如：未设置空调安装位置或安装位置尺寸不足，导致用户安装空调要额外花费物力、财力；大堂入口处没有无障碍通道，不方便婴儿车和残障人士出入；飘窗过宽，业主（尤其是女性业主）很难够到把手开启窗户；门口宽度过窄，大件家具（如沙发、双开门冰箱等）难以通过入户门搬入房间等。

5.3.2 设计阶段质量控制

设计质量的优劣，直接影响工程项目的使用价值和功能，是工程质量的决定性环节。我国工程质量事故统计资料表明，40.1%的工程质量事故是由于设计原因引起的，居住工程质量事故原因之首。因此，对设计质量严加控制，是顺利实现工程建设三大目标控制的有力措施。

1. 选择合适的设计单位

开发商在寻找规划方案设计单位时，要对规划方案设计单位的业绩进行综合考察，根据楼盘的策划定位，选择三家具有相应实力的规划设计单位进行方案设计，并请该项目咨询公司相关人员对方案设计单位进行项目可行性研究、产品市场定位的介绍讲解，设计人员在此基础上进行规划方案设计。在方案设计过程中，业主尽量不要对方案设计人员指手画脚，不要随意干涉，让设计师尽情发挥。在几家都拿出不同方案后，由建设方组织相关专家讨论，评选出最优的初步规划方案。建设方再与最优方案的设计单位签订合同，在此基础上进行细化，作出报批方案。

2. 质量跟踪，定期审核

为了有效地控制设计质量，应对设计进行质量跟踪，定期对设计文件进行审核。在设计过程中和阶段设计完成时，开发商的项目设计主管人员应以设计招标文件（包括设计任务书、地质勘察报告等）、设计合同、政府有关批文、各项技术规范、气象、地区等自然条件及相关资料为依据，对设计文件进行深入细致的审核。在审查过程中，特别要注意过分设计和不足设计两种极端情况。过分设计，导致经济性差；不足设计，存在隐患或功能降低。

3. 有效发挥监理的作用

监理工程师对设计质量进行控制的主要工作是审核设计图纸，即对设计成果进行验收。在初步设计阶段，应审核工程所采用的技术方案是否符合总体方案的要求，以及是否达到项目决策阶段确定的质量标准；在技术设计阶段，应审核专业设计是否符合预定的质量标准和要求；在施工图设计阶段，是设计阶段质量控制的重点，应注重于反映使用功能及质量要求是否得到满足，尽量减少施工中的设计变更。

5.3.3 施工阶段质量控制

工程项目施工阶段，是根据设计文件和图纸的要求，通过施工形成工程实体的阶段。这一阶段直接影响工程项目最终质量，尤其是影响工程项目实体质量。而工程项目实体质量关系到人民生命财产安全，因此施工阶段是工程质量控制的关键阶段，仍然是当前进行质量控制的重点和核心阶段。当前，工程项目施工阶段的质量控制理论与实施措施较为完善，控制工作的重点应主要放在各项制度、措施的落实上，应进一步加强实施过程中的监督与控制力度。在这个阶段，应奉行以人为本、预防为主、坚持质量标准、严格监督检查的基本原则，确保施工质量符合国家有关的施工技术规范及合同规定的质量标准。施工阶段的质量控制主要围绕以下几个环节进行。

1. 严格选择施工队伍

施工队伍的素质（尤其是项目经理的素质）是影响住宅工程质量好坏的一个决定性因素。最近几年，建筑市场混乱的状况已经有所好转，但无证施工、越级承包、倒手转包等现象依然存在，只不过形式上很多变成了"挂靠"。为了住宅的施工质量，房地产开发企业一定要严格挑选施工队伍，认真把握好勘察、土建、安装、装饰等施工队伍的选择关，把不合格的施工队伍挡在门外。

2. 严格选择建筑材料

材料质量的好坏直接影响项目的质量，因此为了保证材料质量，应当在订货阶段就向供货商提供检验的技术标准，并将这些标准列入订货合同中。有些重要的材料应当在签订购货合同前取得样品或样本，材料到货后再与样品进行对照检查，或进行专门的检验。未经检验或检验不合格的材料切忌与合格的材料混装入库。

3. 严格选择机械设备

工程建设中应确立设备检查和试验的标准、手段、程序、记录、检验报告制度，对主要设备的试验与检查，可考虑到制造厂进行监督和检查。工程所用的一切设备，必须由项目负责人组织有关人员进行考核，选择知名品牌，列出明细，作为施工合同的附件。如发现使用"三无"产品，对责任人予以解聘。在各种设备安装之前均应进行检验和测试，不合格的要避免采用。

4. 发挥监理机构的作用

建设工程监理的质量控制目的在于保证工程项目能够按照工程合同规定的质量要求达到业主的建设意图，取得良好的投资效益。应当注意的是，工程监理的质量控制不能仅仅满足于通俗意义上的旁站监督，而应进行全方位的质量监督管理，并贯穿于施工准备、施工和竣工验收阶段。监理工程师应综合运用审核有关的文件、报表，现场质量监督与检查；现场质量的检验，利用指令控制权、支付控制权、规定质量监控工作程序等方法和手段进行质量控制。

5.3.4　竣工验收阶段的质量控制

工程项目竣工验收阶段，就是对项目施工阶段的质量进行试车运转、检查评定，考核质量目标是否符合设计阶段的质量要求。这一阶段是工程项目由建设转入使用或投产的标志，是对工程质量进行检验的必要环节，是保证合同任务全面完成、提高工程质量水平的最后把关。做好竣工验收工作，对于全面确保工程质量具有重要意义。加强竣工验收阶段的质量控制，主要是要严格执行竣工验收制度和验收程序。主管部门应加大力度，纠正和查处项目法人将未竣工验收或竣工验收不合格工程交付使用的违法行为，通过层层验收把关，确保工程建设质量的全面落实。

5.4　住宅项目竣工验收和交付使用

5.4.1　竣工验收概述

1. 竣工验收的概念

竣工验收是项目建设程序的组后一个环节，是全面考核项目建设成果、检查设计与施工质量、确认项目能否投入使用的关键步骤。

竣工验收由房地产开发企业组织，会同设计、施工、设备供应单位及工程质量监督部门，对该项目是否符合规划设计要求以及建筑施工和设备安装质量进行全面检验，取得竣工合格资料、数据和凭证。

2. 竣工验收的范围

凡房地产开发项目必须按批准的设计文件和合同规定的内容建成，还应验收土地使用情况，以及单项工程、市政、绿化及公用设施等配套设施项目等。

3. 竣工验收的要求

项目已按设计内容建成完成，工程质量和使用功能符合规范规定标准和设计要求，并按合同规定完成了协议内容。房地产开发项目应做到：

（1）所有建设项目按批准的小区规划和有关专业管理及设计要求全部建成，并满足使用要求。

（2）住宅及公共配套设施、市政公用基础设施等单项工程全部验收合格，并保证验收资料齐全。

（3）各类建筑物的平面位置、立面造型、装饰色调等符合批准的规划设计要求。

（4）施工机具、临时工程、建筑余土、剩余构件全部拆除运走，达到场清地平，有绿化要求的项目，要按绿化设计要求，做到树活草青。

4. 竣工验收的作用

（1）从整体上看，实行竣工验收制度，是国家全面考核工程项目决策、设计、施工及设备制造安装质量，总结项目建设经验，提高项目管理水平的重要环节。

（2）从投资者和建设单位角度看，项目竣工验收是加强固定资产投资管理、促进项目达到设计能力和使用要求，提高项目运营效果的需要。

（3）从承包者的角度看，项目竣工验收是承包者对所承担的工程建造任务接受建设单位和国家主管部门的全面检查和认可，是承包者完成合同义务的标志。及时办理竣工验收移交手续，收取工程价款，有利于促进建筑企业健康发展，也有利于总结经验教训，提高项目管理水平。

（4）从项目本身看，通过竣工验收，有利于项目及早投入使用，发挥效益，有利于发现和解决项目遗留问题，如"三废"治理未达标等问题。

5.4.2 竣工验收的程序

1. 单项工程验收

单项工程验收是指在一个总体建设项目中，一个单项工程已按设计要求建设完成，具备使用条件，且施工单位已预验，监理工程师已初验通过，在此条件下进行的正式验收。由几个建筑安装企业负责施工的单项工程，当其中某一个企业所负责的部分已按设计完成，也可组织正式验收，办理交工手续，交工时应请总包施工单位参加，以免相互耽误时间。

对于建成的住宅可分栋进行正式验收。例如：一个住宅小区一部分住宅已经按设计要求全部建成，另一部分还未建成，可将建成具备居住条件的住宅进行正式验收，以便及早交付使用，提高投资效益。

2. 全部验收

全部验收是指整个建设项目已经按设计要求全部建设完成，并已符合竣工验收标准，施工单位预验通过，监理工程师初验认可，由监理工程师组织以建设单位为主，由设计、施工等单位参加的正式验收。在整个项目进行全部验收时，对已验收过的单项工程，可以不再进行正式验收和办理验收手续，但应将单项工程验收单作为全部工程验收的附件而加以说明。

3. 竣工验收备案

建设单位应当自建设工程竣工验收合格之日起 15 日内，将建设工程竣工验收报告和规划、公安消防、环保等部门出具的认可文件或者准许使用文件报建设行政主管部门或者其他有关部门备案。

为规范工程竣工验收备案管理工作，建设主管部门制定了《房屋建筑工程和市政基础设施工程竣工验收备案表》，竣工验收备案表通常包括以下内容：

（1）工程的基本情况。包括项目名称、地址、规划许可证号、施工许可证号、工程面积、开工时间、竣工时间、各单位（建设、勘察、设计、施工、监理、质量监督等单位）名称；

（2）勘察、设计、施工、监理单位意见；

（3）竣工验收备案文件清单。主要包括：

1）工程竣工验收报告，分 5 项，其主要内容为室内环境检测报告和勘察、设计、施工、工程验收等单位分别签署得质量合格文件及验收人员签署得竣工验收原始文件；

2）规划许可证和规划验收认可文件；

3）工程质量监督注册登记表；

4）工程施工许可证或开工报告；

5）消防部门出具的建筑工程消防验收意见书；

6）建设工程档案预验收意见；

7）工程质量保修书；

8）住宅质量保证书；

9）住宅使用说明书；

10）法规、规章规定必须提供的其他文件。

（4）备注

《竣工验收备案表》是目前收楼环节中最应该注意的文件，按照有关规定，表上的每一项都必须报有关主管部门备案，缺少任何一项的话，这个楼盘就是"黑楼"，是不能入住的。

5.4.3 住宅工程质量分户验收

分户验收，即"一户一验"，是指住宅工程在按照国家有关标准、规范要求进行工程竣工验收时，对每一户住宅及单位工程公共部位进行专门验收，并在分户验收合格后出具工程质量竣工验收记录。

1. 分户验收的内容

分户验收内容主要包括：

（1）地面、墙面和顶棚质量；

（2）门窗质量；

（3）栏杆、护栏质量；

（4）防水工程质量；

（5）室内主要空间尺寸；

（6）给水排水系统安装质量；

（7）室内电气工程安装质量；

（8）建筑节能和供暖工程质量；

（9）有关合同中规定的其他内容。

2. 分户验收的程序

分户验收应当按照以下程序进行：

（1）根据分户验收的内容和住宅工程的具体情况确定检查部位、数量；

（2）按照国家现行有关标准规定的方法以及分户验收的内容适时进行检查；

（3）每户住宅和规定的公共部位验收完毕，应填写"住宅工程质量分户验收表"，建设单位和施工单位项目负责人、监理单位项目总监理工程师分别签字；

（4）分户验收合格后，建设单位必须按户出具"住宅工程质量分户验收表"，并作为《住宅质量保证书》的附件，一同交给住户。

分户验收不合格，不能进行住宅工程整体竣工验收。同时，住宅工程整体竣工验收前，施工单位应制作工程标牌，将工程名称、竣工日期和建设、勘察、设计、施工、监理单位全称镶嵌在该建筑工程外墙的显著部位。

3. 分户验收的组织实施

分户验收由施工单位提出申请，建设单位组织实施，施工单位项目负责人、监理单位项目总监理工程师及相关质量、技术人员参加，对所涉及的部位、数量按分户验收内容进行检查验收。已经预选物业公司的项目，物业公司应当派人参加分户验收。

建设、施工、监理等单位应严格履行分户验收职责，对分户验收的结论进行签认，不得简化分户验收程序。对于经检查不符合要求的，施工单位应及时进行返修，监理单位负责复查。返修完成后重新组织分户验收。

工程质量监督机构要加强对分户验收工作的监督检查，发现问题及时监督有关方面认真整改，确保分户验收工作质量。对在分户验收中弄虚作假、降低标准或将不合格工程按合格工程验收的，依法对有关单位和责任人进行处罚，并纳入不良行为记录。

5.4.4 住宅交付使用时"两书"的提供

1. 住宅质量保证书

住宅质量保证书，是房地产开发商将新建成的房屋出售给购买人时，针对房屋质量向购买者做出承诺保证的书面文件，具有法律效力，开发商应依据《住宅质量保证书》上约定的房屋质量标准承担维修、补修的责任。其主要内容包括：

（1）工程质量监督部门核验的质量等级；

（2）地基基础和主体结构在合理使用寿命年限内承担保修；

（3）正常使用情况下各部位、部件保修内容与保修期：屋面防水 3 年；墙面、厨房和卫生间地面、地下室、管道渗漏 1 年；墙面、顶棚抹灰层脱落 1 年；地面空鼓开裂、大面积起砂 1 年；门窗翘裂、五金件损坏 1 年；管道堵塞 2 个月；供热、供冷系统和设备 1 个供暖期或供冷期；卫生洁具 1 年；灯具、电器开关 6 个月；其他部位、部件的保修期限，由房地产开发企业与用户自行约定；

（4）用户报修的单位答复和处理的时限。

2. 住宅使用说明书

《住宅使用说明书》是指住宅出售单位在交付住宅时提供给用户的，告知住宅安全、合理、方便使用及相关事项的文本。住宅使用说明书应当载明房屋平面布局、结构、附属设备、配套设施、详细的结构图（注明承重结构的位置）和不能占有、损坏、移装的住宅共有部位、共用设备以及住宅使用规定和禁止行为。主要内容包括：

（1）开发单位、设计单位、施工单位，委托监理的应注明监理单位；

（2）结构类型；

（3）装修、装饰注意事项；

（4）上水、下水、电、燃气、热力、通信、消防等设施配置的说明；

（5）有关设备、设施安装预留位置的说明和安装注意事项；

（6）门、窗类型，使用注意事项；

（7）配电负荷；

（8）承重墙、保温墙、防水层、阳台等部位注意事项的说明；

（9）其他需说明的问题。

根据规定，《住宅使用说明书》应作为住宅（每套）转让合同的附件。如在房屋使用中出现问题，说明书将成解决开发商与业主之间纠纷的重要依据。

【思考题】

1. 结合房地产开发特点阐述房地产三大核心管理之间的关系？

2. 房地产开发项目的成本由哪些要素构成？有效控制成本的方法有哪些？

3. 简述房地产开发项目进度控制的措施？

4. 住宅项目在开发过程中容易出现哪些质量问题？如何有效进行质量控制？

5. 请描述竣工验收有哪些程序？

6. 什么是"两书"？内容包括哪些？有何意义？

【实训题】

1. 与房地产开发企业的经理交谈，了解工程质量问题会给房地产开发企业带来哪些影响？

2. 请查找有关北京奥运会场馆建设的有关资料，了解"鸟巢"减肥的具体步骤与措施。

3. 请查找有关伦敦奥运场馆建设的有关资料，分析建设预算超支 10 倍的原因。

第6章　房地产交易管理

学习目标

　　1. 了解房地产交易的概念；

　　2. 熟悉房地产转让的条件和程序；

　　3. 掌握商品房预售的条件；

　　4. 熟悉预告商品房预告登记制度；

　　5. 了解房地产抵押的相关规定；

　　6. 熟悉房屋租赁合同的内容及租金的构成。

　　房地产交易指房地产交易主体之间以房地产这种特殊商品作为交易对象所从事的市场交易活动。房地产交易管理是指政府设立的房地产交易管理部门及其他相关部门以法律的、行政的、经济的手段，对房地产交易活动行使指导、监督等管理职能。房地产交易管理是房地产市场管理的重要内容，《城市房地产管理法》规定房地产交易包括房地产转让、房地产抵押和房屋租赁三种形式。

6.1　房地产转让管理

6.1.1　房地产转让概述

　　1. 房地产转让的概念

　　房地产转让，是指房地产权利人通过买卖、赠与或者其他合法方式将其房地产转移给他人的行为。

　　2. 房地产转让的类型

　　（1）房地产买卖

　　房地产买卖是房地产转让的主要方式，指房地产所有权人（包括土地使用权人）将其合法拥有的房地产以一定价格转移给他人的行为。转让人将房地产移转给受让人所有，受让人取得房地产产权并支付相应价款。这种行为贯彻平等、自愿、等价有偿的原则。必须注意，城市房地产买卖中的地产只能转移使用权，所有权仍属于国家。

　　（2）房地产赠与

　　房地产赠与是指房地产所有权人（包括土地使用权人）将其合法拥有的房地产无偿赠送给受让人，不要求受让人支付任何费用或为此承担任何义务的行为。城市公有房屋的所有权属于国家，使用单位或者个人不得进行赠与；土地使用权的赠与也不涉及土地所有权问题。

（3）其他合法方式

其他合法方式主要包括：

1）以房地产作价入股、与他人成立企业法人，房地产权属发生变更的；

2）一方提供土地使用权，另一方或者多方提供资金，合资、合作开发经营房地产，而使房地产权属发生变更的；

3）因企业被收购、兼并或合并，房地产权属随之转移的；

4）以房地产抵债的；

5）法律、法规规定的其他情形。

3. 房地产转让的特征

（1）房地产转让人必须是房地产权利人，而且该权利人对房地产必须拥有处分权，如所有权人、抵押权人等。

（2）房地产转让的对象是特定的房地产权利，包括：国有土地使用权和建在国有土地上的房屋的所有权。

（3）房地产转让时，房屋的所有权必须与土地使用权一起转让，即地产转让时，该土地上的房屋必须同时转让，房产转让时，房屋的所有权及其土地使用权一并转让。

6.1.2　房地产转让的条件

根据转让的对象，房地产转让可分为地面上有建筑物的转让和地面上无建筑物的转让，地面上无建筑物的房地产转让，习惯上又被称为土地使用权转让。根据土地使用权的获得方式，房地产转让可分为以出让方式取得的土地使用权转让和以划拨方式取得的土地使用权转让。

1. 出让方式取得的土地使用权转让

以出让方式取得的土地使用权，其转让必须符合三个条件：

（1）按照出让合同约定已经支付全部土地使用权出让金，并取得土地使用权证书；

（2）按照出让合同约定进行投资开发，属于房屋建设工程的，完成开发投资总额的25％以上，属于成片开发土地的，形成工业用地或者其他建设用地条件；

（3）建成的房屋必须有房屋所有权证书。

设定这些条件的目的，一是确保转让土地使用权的合法性。只有完全支付了土地使用权出让金，并取得了土地使用证，才能保证转让人完全合法享有土地使用权转让的处置权；二是有效防止囤积土地和炒买炒卖的行为。只有对取得土地进行开发，才被允许转让，才能防止以囤积土地、炒买炒卖土地为目的的受让国有土地使用权的行为；三是通过对已建成房屋所有权的明确，保障当事人的合法利益。

2. 以划拨方式取得土地使用权的房地产转让

以划拨方式取得土地使用权的房地产，在转让的价格或其他形式收益中，包含着土地使用权转让收益，这部分收益不应完全由转让人获得，国家应参与分配。由于所转让土地的开发投入情况比较复杂，转让主体、受让主体和转让用途情况也不相同，因此处理土地使用权收益不能简单化的"一刀切"。划拨土地使用权的转让，须经当地房地产市场管理部门审查批准，原则上有两种处理方式：一是需办理出让手续，变划拨土地使用权为出让土地使用权，由受让方缴纳土地出让金；二是不改变原有土地的划拨性质，对转让方征收土地收益金。

《转让管理规定》规定以下几种情况可以不办出让手续：

(1) 经城市规划行政主管部门批准，转让的土地用于《城市房地产管理法》第二十三条规定项目，即：

1) 国家机关用地和军事用地；

2) 城市基础设施用地和公益事业用地；

3) 国家重点扶持的能源、交通、水利等项目用地；

4) 法律、行政法规规定的其他用地。

(2) 私有住宅转让后仍用于居住的。

(3) 按照国务院住房制度改革有关规定出售公有住宅的。

(4) 同一宗土地上部分房屋转让而土地使用权不可分割转让的。

(5) 转让的房地产暂时难以确定土地使用权出让用途、年限和其他条件的。

(6) 根据城市规划土地使用权不宜出让的。

(7) 县级以上地方人民政府规定暂时无法或不需要采取土地使用权出让方式的其他情形。

3. 共有房产的转让

共有房地产，是指房屋的所有权、土地使用权为两个或两个以上权利人所共同拥有。共有房地产权利的行使需经全体共有人同意，不能因某一个或部分权利人的请求而转让。

根据物权法相关规定，下列共有不动产的处分例外：未经共有人书面同意擅自转让不动产，受让人支付合理价款，善意取得并办理登记手续的，共有所有权人无权追回该不动产，只能向出卖人请求赔偿，即转让有效。

【阅读资料】小王在市区有两套房产，且房产证上登记的都是小王的名字。最近，小王打算将其中一套房子卖掉，但是和家人商量后，家里人表示反对。小王就瞒着家人在中介将房子登记了。没多久，陈先生通过中介和小王取得联系，双方在中介的帮助下，就房屋的价格、办证、交付等事宜很快达成了共识。于是签订了买卖协议，陈先生当即支付了一半的房款，剩余的房款在办完房产证后也支付给了小王。陈先生准备把房子重新装修一下再搬入，在装修期间，小王的家人发现房子被卖掉，于是找到陈先生，要求把房子退还。陈先生认为，房子登记的是小王的名字，就是小王的财产，小王有权处分，家人只能找小王，自己是无辜的。可是小王的家人认为，虽然该房产登记在小王个人名下，但这是家庭共同财产，小王一个人卖了是无效的。双方各执一词，无法说服对方。

律师观点：本案中登记在小王名下的房产，如果是家庭共有财产，小王在未经过家人同意的情况下，擅自将房子出卖，一般是认定无效的。但是，《物权法》第106条确立了善意取得制度，在保护其他共有人权益的同时，兼顾保护善意第三人的利益。善意取得的成立，要具备三个条件：受让人是善意，以合理的价格转让，不动产已经转移登记、动产已经交付。结合本案来看，陈先生在购买小王的房产时，通过查看房产证，知道小王是登记的权利人，根本不知道登记背后隐藏着其他的权利人，陈先生没有损坏其他权利人合法权益的意图，因此，陈先生购买该房产时是善意的。其次，该房产在中介机构参考的市场价格下成交，属于合理的价格转让。最后，该房产已经通过房产部门办理了转移登记，已经变更到陈先生的名下了。因此，陈先生的购房行为属于善意取得，应当保护其购买行为。小王的家人只能追究小王擅自处分房产的行为，不能请求买卖行为无效。

4. 禁止房地产转让的其他情形

（1）司法机关和行政机关依法裁定、决定查封或以其他形式限制房地产权利的。司法机关和行政机关可以根据合法请求人的申请或社会公共利益的需要，依法裁定、决定限制房地产权利，如查封、限制转移等。在权利受到限制期间，房地产权利人不得转让该项房地产。

（2）依法收回土地使用权的。在国家依法做出收回土地使用权决定之后，原土地使用权人不得再行转让土地使用权。

（3）权属有争议的。权属有争议的房地产，是指有关当事人对房屋所有权和土地使用权的归属发生争议，致使该项房地产权属难以确定。

（4）未依法登记领取权属证书的房地产不允许进入房地产市场转让。

6.1.3　房地产转让的程序

房地产转让应当按照一定的程序，经房地产管理部门办理有关手续后，方可成交。房地产转让一般按如下程序进行：

（1）房地产转让当事人签订书面转让合同。

（2）房地产当事人应当在签订转让合同后 90 日内持房地产权属证书、当事人的合法证明、转让合同等向房地产所在地的房地产管理部门提出申请，并申报成交价格。

（3）房地产管理部门对提供的有关文件进行审查，并在 7 日内作出是否受理申请的书面答复。

（4）房地产管理部门核实成交价格，并根据需要对转让的房地产进行现场查勘和评估。

（5）房地产转让当事人按照规定缴纳有关税费。

（6）房地产管理部门核发转让过户单。房地产转让当事人凭过户单办理过户手续，领取房地产权属证书。

为进一步活跃房地产市场，方便业主申办房地产交易、房屋权属登记手续，规范管理，提高效率，住房和城乡建设部对房地产交易、房屋权属登记办事程序进行了简化，取消了核发转让过户单程序，转移登记从交易到权属登记发证时限缩短为 10 日。

此外，凡房地产转让或变更的，必须按照规定的程序先到房地产管理部门办理交易手续和申请转移、变更登记，然后凭变更后的房屋所有权证书向同级人民政府土地管理部门申请土地使用权变更登记，不按上述法定程序办理的，其房地产转让或变更一律无效。

6.1.4　房地产转让合同

房地产转让合同是指房地产转让当事人之间签订的用于明确各方权利、义务关系的协议。房地产转让时，应当签订书面转让合同。合同的内容由当事人协商拟定，一般应包括：

（1）双方当事人的姓名或者名称、住所。

（2）房地产权属证书的名称和编号。

（3）房地产坐落位置、面积、四至界限。

（4）土地宗地号、土地使用权取得的方式及年限。

（5）房地产的用途或使用性质。

（6）成交价格及交付方式。

（7）违约责任。

（8）双方约定的其他事项。

6.2 商品房预售管理

为规范商品房预售行为，加强商品房预售管理，保障购房人的合法权益，《城市房地产管理法》明确了商品房预售实行预售许可证制度。建设部第 40 号令《城市商品房预售管理办法》对商品房预售管理有关部门的问题进一步细化。

6.2.1 商品房预售概述

1. 商品房预售的概念

商品房预售又称卖"楼花"，是指房地产开发企业将正在建设中的房屋预先出售给承购人，由承购人预先支付定金或房价款的行为。该制度使预购人减轻了一次支付全部购房款的压力，同时也为房地产开发商提供了工程建设款项，解决了资金不足问题，因此对于当事人双方都具有很大的好处。但是商品房预售是一种特殊的买卖行为，因为在合同成立时，买卖的标的物还不存在，标的物只有在未来的某个特定时期才能产生并交付给买受人。

2. 商品房预售的特点

预售商品房行为一般周期比较长，从土地使用权的取得到开发投资以及施工建设，都需要较长的时间，因此商品房预售具有一些其他买卖形式所不具有的特点，包括：

（1）商品房预售行为具有较强的国家干预性。如预售主体的资格具有严格的限制、实行商品房预售合同的备案登记制度、实行商品房预售的价格申报登记制度、实行商品房预售权属登记制度、实行商品房预售款项专用制度等。

（2）商品房预售的周期长、风险性大。由于商品房预售中的房屋在订立合同时实际上并不存在，所以购房人实际就承担着不能最后取得房屋的风险，另外由于房屋销售和房屋开发行为是与金融行业密切相关的，所以实际上也存在着很大的风险。实践中经常出现的情况，比如，预售房屋不能按时竣工给买受人带来的损失、预售人借口房价上涨而要求买受人追加约定以外的款项、房屋竣工后质量出现问题、预售人将房屋转售他人等。

（3）商品房预售的标的物具有期待性。商品房预售实际上是对未来之物的买卖，因此在签订合同后，买受人就获得请求开发商交付房屋并转移所有权的权利，只要买受人履行全部买卖合同规定的义务并办理过户手续，就可以取得房屋所有权。

（4）商品房预售合同需要经过登记才具有对抗第三人的效力。商品房预售合同签订以后，买受人根据合同取得的权利在性质上看，仅仅是一种债权，而债权的效力只具有相对性，所以为了进一步保护买受人的利益，法律规定了经过登记的商品房预售合同具有对抗第三人的效力。

　　3. 商品房预售的条件

房地产开发企业预售商品房，应当符合下列条件：

（1）已交付全部土地使用权出让金，取得《土地使用权证》；

（2）持有《建设工程规划许可证》；

（3）按提供预售的商品房计算，投入开发建设的资金达到工程建设总投资的25％以上，并已经确定施工进度和竣工交付日期；

（4）向县级以上人民政府房产管理部门办理预售登记，取得《商品房预售许可证》。

6.2.2　商品房预售许可

　　商品房预售实行许可制度，开发企业进行商品房预售，应当向房地产管理部门申请预售许可，取得《商品房预售许可证》，未取得《商品房预售许可证》的，不得进行商品房预售。

　　房地产开发企业申请办理商品房预售许可证，应当向市、县人民政府房地产管理部门提交下列证件（复印件）及资料：

（1）商品房预售许可申请表；

（2）开发企业的《营业执照》和资质证书；

（3）土地使用权证、建设工程规划许可证、施工许可证；

（4）投入开发建设的资金占工程建设总投资的比例符合规定条件的证明；

（5）工程施工合同及关于施工进度的说明；

（6）商品房预售方案。预售方案应当说明预售商品房的位置、面积、竣工交付日期等内容，并应当附预售商品房分层平面图。

　　商品房预售应当按照国家有关规定将预售合同报县级以上人民政府房地产管理部门和土地管理部门登记备案，商品房预售所得款项，必须用于有关工程建设。

6.2.3　商品房买卖合同

　　商品房买卖合同，是指房地产开发企业将尚未建成或者已竣工的房屋向社会销售并转移房屋所有权于买受人，买受人支付价款的合同。

　　1. 商品房买卖合同的内容

商品房买卖合同应包括以下主要内容：

（1）当事人名称、姓名和住所；

（2）商品房基本情况；

（3）商品房的销售方式；

（4）商品房价款的确定方式及总价款、付款方式和付款时间；

（5）交付使用条件及日期；

（6）装饰、装修标准承诺；

（7）供水、供电、供热、供燃气、通信、道路、绿化等配套基础设施和公共设施的交付承诺、有关权益和责任；

（8）公共配套建筑的产权归属；

（9）面积差异的处理方式；

（10）办理产权登记有关事宜；

（11）解决争议的办法；

（12）违约责任；

（13）双方约定的其他事项。

房地产开发企业、房地产中介服务机构发布的商品销售广告和宣传资料所明示的事项，当事人应当在商品房买卖合同中约定。

2. 误差的处理方式

出卖人交付使用的房屋套内建筑面积或者建筑面积与商品房买卖合同约定面积不符，合同有约定的，按照约定处理；合同没有约定或者约定不明确的，按照以下原则处理：

（1）面积误差比绝对值在3%以内（含3%），按照合同约定的价格据实结算，买受人请求解除合同的，不予支持；

（2）面积误差比绝对值超出3%，买受人请求解除合同、返还已付购房款及利息的，应予支持。买受人同意继续履行合同，房屋实际面积大于合同约定面积的，面积误差比在3%以内（含3%）部分的房价款由买受人按照约定的价格补足，面积误差比超出3%部分的房价款由出卖人承担，所有权归买受人；房屋实际面积小于合同约定面积的，面积误差比在3%以内（含3%）部分的房价款及利息由出卖人返还买受人，面积误差比超过3%部分的房价款由出卖人双倍返还买受人。

6.2.4 商品房预售合同登记备案

房地产开发企业取得了商品房预售许可证后，就可以向社会预售其商品房，开发企业应当与承购人签订书面预售合同。商品房预售人应当在签约之日起30日内，持预售合同到县级以上人民政府房产管理部门和土地管理部门办理商品房预售登记备案手续。

目前房地产管理部门已经应用网络信息技术，逐步推行商品房预售合同网上登记备案。承购人在与开发企业签订商品房预售合同后，应定期关注房地产管理部门的网上登记备案公告，查询已购买商品房的登记备案情况。商品房预售合同登记备案手续也可以委托代理人办理，委托代理人办理的，应当有书面委托书。

6.2.5 预购商品房预告登记制度

《物权法》第20条规定："当事人签订买卖房屋或者其他不动产物权的协议，为保障将来实现物权，按照约定可以向登记机构申请预告登记。"预告登记后，未经预告登记的权利人同意，处分该不动产的，不发生物权效力。

当事人签订买卖房屋的协议，为保障将来实现物权，按照约定可以向登记机构申请预告登记。办理预告登记所需要件如下：

（1）登记申请书原件；

（2）申请人身份证明；

（3）已登记备案的商品房预售合同原件；

（4）当事人关于预告登记的约定原件；

（5）预购人单方申请预购商品房预告登记的，预售人与预购人在商品房预售合同中对预告登记附有条件和期限的，预购人应当提交相应的证明材料；

（6）设定在建工程抵押的房屋，需要提交抵押权人同意房屋买卖的证明材料。

预购商品房预告登记是保护商品房预购人权利的最佳措施，在我国目前尚非完善健全的房地产市场环境下，房地产开发商处于优势地位，"一房多卖"等损害买房人利益的情况时有发生，预告登记可以有效地防止开发商"一房多卖"，保证购房者的权益不受侵害。

6.3　房地产抵押管理

6.3.1　房地产抵押概述

1. 房地产抵押的概念

房地产抵押是指抵押人以其合法的房地产以不转移占有的方式向抵押权人提供债务履行担保的行为。债务人不履行债务时，抵押权人有权依法以抵押的房地产拍卖、变卖、折价的价款优先受偿。

2. 相关概念

与房地产抵押相关的概念主要有抵押人、抵押权人、预购商品房抵押贷款以及在建工程抵押等。

（1）抵押人是指将依法取得的房地产提供给抵押权人，作为本人或者第三人履行债务担保的公民、法人或者其他组织。

（2）抵押权人是指接受房地产抵押作为债务人履行债务担保的公民、法人或者其他组织。

（3）预购商品房贷款抵押，是指购房人在支付首期规定的房价款后，由贷款金融机构代其支付其余的房价款，将所购商品房抵押给贷款金融机构作为偿还贷款履行担保的行为。

（4）在建工程抵押，是指抵押人为取得在建工程继续建造的资金的贷款，以其合法方式取得的土地使用权连同在建工程的投入资产，以不转移占有的方式抵押给贷款金融机构作为偿还贷款履行担保的行为。

3. 作为抵押物的条件

房地产抵押的抵押物随土地使用权的取得方式不同，对抵押物要求也不同。《城市房地产管理法》规定："依法取得的房屋所有权连同该房屋占用范围内的土地使用权，可以设定抵押权。以出让方式取得的土地使用权，可以设定抵押。"从上述规定可以看出，房地产抵押中可以作为抵押物的条件包括两个方面：一是依法取得的房屋所有权连同该房屋占用范围内的土地使用权同时设定抵押权。对于这类抵押，无论土地使用权来源于出让还是划拨，只要房地产权属合法，即可将房地产作为统一的抵押物同时设定抵押权。二是以单纯的土地使用权抵押的，也就是在地面上尚未建成建筑物或其他地上定着物时，以取得的土地使用权设定抵押权。单纯以划拨方式取得的土地使用权是不允许抵押的，只有以出让方式取得的土地使用权才可以设定抵押权。

《城市房地产抵押管理办法》规定下列房地产不得设定抵押权：

（1）权属争议的房地产。

（2）用于教育、医疗、市政等公共福利事业的房地产。

（3）列入文物保护的建筑物和有重要纪念意义的其他建筑物。

（4）已依法公告列入拆迁范围的房地产。

（5）被依法查封、扣押、监管或者以其他形式限制的房地产。

（6）依法不得抵押的其他房地产。

6.3.2 抵押的一般规定

（1）房地产抵押，抵押人可以将几宗房地产一并抵押，也可以将一宗房地产分割抵押。以两宗以上房地产设定同一抵押权的，视为同一抵押物，在抵押关系存续期间，其承担的共同担保义务不可分割，但抵押当事人另有约定的，从其约定。以一宗房地产分割抵押的，首次抵押后，该财产的价值大于所担保债权的余额部分可以再次抵押，但不得超出其余额部分。房地产已抵押的，再次抵押前，抵押人应将抵押事实明示拟接受抵押者。

（2）以依法取得的国有土地上的房屋抵押的，该房屋占用范围内的国有土地使用权同时抵押。以出让方式取得的国有土地使用权抵押的，应当将该国有土地上的房屋同时抵押。以在建工程已完工部分抵押的，其土地使用权随之抵押。《担保法》还规定，"乡（镇）、村企业的土地使用权不得单独抵押。以乡（镇）、村企业的厂房等建筑物抵押的，其占用范围内的土地使用权同时抵押。"

（3）以享受国家优惠政策购买的房地产抵押的，其抵押额以房地产权利人可以处分和收益的份额为限。

（4）以集体所有制企业的房地产抵押的，必须经集体所有制企业职工（代表）大会通过，并报其上级主管机关备案。

（5）以中外合资企业、合作经营企业和外商独资企业的房地产抵押的，必须经董事会通过，但企业章程另有约定的除外。

（6）以股份有限公司、有限责任公司的房地产抵押的，必须经董事会或者股东大会通过，但企业章程另有约定的除外。

（7）有经营期限的企业以其所有的房地产设定抵押的，所担保债务的履行期限不应当超过该企业的经营期限。

（8）以具有土地使用年限的房地产设定抵押的，所担保债务的履行期限不得超过土地使用权出让合同规定的使用年限减去已经使用年限后的剩余年限。

（9）以共有的房地产抵押的，抵押人应当事先征得其他共有人的书面同意。

（10）预购商品房贷款抵押的，商品房开发项目必须符合房地产转让条件并取得商品房预售许可证。

（11）以已出租的房地产抵押的，抵押人应当将租赁情况告知债权人，并将抵押情况告知承租人。原租赁合同继续有效。

（12）企、事业单位法人分立或合并后，原抵押合同继续有效，其权利与义务由拥有抵押物的企业享有和承担。

抵押人死亡、依法被宣告死亡或者被宣告失踪时，其房地产合法继承人或代管人应当继续履行原抵押合同。

（13）订立抵押合同时，不得在合同中约定在债务履行期届满抵押权人尚未受清偿时，抵押物的所有权转移为抵押权人所有。

6.3.3　房地产抵押合同

房地产抵押合同是抵押人与抵押权人为了保证债权债务的履行，明确双方权利与义务的协议。房地产抵押是担保债权债务履行的手段，是债权债务合同的从合同，债权债务的主合同无效，抵押从合同也自然无效。房地产抵押是一种标的物很大的担保行为，法律规定房地产抵押人与抵押权人必须签订书面抵押合同。

房地产抵押合同一般应载明下列内容：

（1）抵押人、抵押权人的名称或者个人姓名、住所。

（2）主债权的种类、数额。

（3）抵押房地产的处所、名称、状况、建筑面积、用地面积以及四至、房地产权利证书编号。

（4）抵押房地产的价值。

（5）抵押房地产的占用管理人、占用管理方式、占用管理责任以及意外损毁和灭失的责任。

（6）债务人履行债务的期限。

（7）抵押权灭失的条件。

（8）违约责任。

（9）争议解决的方式。

（10）抵押合同订立的时间与地点。

（11）双方约定的其他事项。

以预购商品房贷款抵押的，须提交生效的预购房屋合同。以在建工程抵押的，抵押合同还应当载明以下内容：

1）《国有土地使用权证》、《建设用地规划许可证》和《建设工程规划许可证》；

2）已交纳的土地使用权出让金或需交纳的相当于土地使用权出让金的款额；

3）已投入在建工程的工程款；

4）施工进度及工程竣工日期；

5）已完成的工作量和工程量。

抵押权人要求抵押房地产保险的，以及要求在房地产抵押后限制抵押人出租、转让抵押房地产或者改变抵押房地产用途的，抵押当事人应当在抵押合同中载明。

6.3.4　抵押登记

《城市房地产管理法》规定房地产抵押应当签订书面抵押合同，并办理抵押登记，《担保法》规定房地产抵押合同自登记之日起生效。房地产抵押未经登记的，抵押权人不能对抗第三人，对抵押物不具有优先受偿权。

鉴于我国各地土地和房地产管理体制差别很大，有多种管理模式，法律规定以城市房地产或者乡（镇）、村企业的厂房等建筑物抵押的，其登记机关由县级以上人民政府规定。由于抵押权是从所有权这一物权上设定的他项权利——担保物权，即限制物权，其主要作用在于限制抵押人对抵押房地产的处分权利，未经抵押权人同意，抵押物不得进行转让、出租等处分，以避免担保悬空，所以登记机关只能从不动产的权属登记中指定，不能委托其他部门。由于房地产转让或者变更先申请房产变更登记后申请土地使用权变更登记是《城市房地产管理法》规定的法定程序，就房、地合一的房地产而言，房地产管理部门是唯一可确保未经抵押权人同意的抵押房地产不能合法转让的登记机关，因此各地普遍规定，以房、地合一的房地产抵押的，房地产管理部门为抵押登记机关；以地上无定着物的出让土地使用权抵押的，由核发土地使用权证书的土地管理部门办理抵押登记。

《城市房地产抵押管理办法》规定，房地产当事人应在抵押合同签订后的 30 天内，持下列文件到房地产所在地的房地产管理部门办理房地产抵押登记：

（1）抵押当事人的身份证明或法人资格证明。

（2）抵押登记申请书。

（3）抵押合同。

（4）《国有土地使用证》、《房屋所有权证》或《房地产权证》，共有的房屋还应提交《房屋共有权证》和其他共有人同意抵押的证明。

（5）登记机关认为必要的其他文件。

登记机关应当对申请人的申请进行审核，审核的内容主要包括：抵押物是否符合准许进入抵押交易市场的条件；抵押物是否已经抵押，重点审查是否超值抵押；抵押人提供的房地产权利证明文件与权证档案记录内容是否相符，查对权证号与印章的真伪等，并由审核人签字在案。对符合登记条件的，应在 7 日内核准登记并颁发他项权利证书，特殊原因的，最长不得超过法定办理期限。

以依法取得的房屋所有权证书的房地产抵押的，登记机关应当在原《房屋所有权证》上作他项权利记载后，由抵押人收执。并向抵押权人颁发《房屋他项权证》；以预售商品房或者在建工程抵押的，登记机关应当在抵押合同上作记载。抵押的房地产在抵押期间竣工的，当事人应当在抵押人领取房地产权属证书后，重新办理房地产抵押登记。

抵押合同发生变更或者抵押关系终止时，抵押当事人应当在变更或者终止之日起 15 日内，到原登记机关办理变更或者注销抵押登记。

因依法处分抵押房地产而取得土地使用权和土地建筑物、其他附着物所有权的，抵押当事人应当自处分行为生效之日起 30 日内，到县级以上地方人民政府房地产管理部门申请房屋所有权转移登记，并凭变更后的房屋所有权证书向同级人民政府土地管理部门申请土地使用权变更登记。

6.3.5 房地产抵押的效力

房地产抵押期间，抵押人转让已办理抵押登记的房地产的，应当通过抵押权人，并告知受让人转让的房地产已经抵押的情况；抵押人未通知抵押权人或者未告知受让人的，转让行为无效。转让抵押物的价款明显低于其价值的，抵押权人可以要求抵押人提供相应的担保；抵押人不提供的，不得转让抵押物。在抵押权人同意，抵押人转让抵押物时，转让所得的价款，应当向抵押权人提前清偿所担保的债权或者向与抵押权人约定的第三人提存。超过债权数额的部分，归抵押人所有，不足部分由债务人清偿。

房地产抵押关系存续期间，房地产抵押人应当维护抵押房地产的安全完好，抵押权人发现抵押人的行为足以使抵押物价值减少的，有权要求抵押人停止其行为。抵押物价值减少时，抵押权人有权要求抵押人恢复抵押物的价值，或者提供与减少的价值相当的担保。

抵押人对抵押物价值减少无过错的，抵押权人只能在抵押人因损害而得到的赔偿范围内要求提供担保。抵押物价值未减少的部分，仍作为债权的担保。

6.3.6　房地产抵押的受偿

抵押是一种民事法律关系，抵押权人与抵押人在法律上有平等的法律地位。这就决定了抵押必须在双方自愿的原则上进行，并应符合《中华人民共和国民法通则》、《担保法》规定的平等、自愿、等价、有偿的一般原则。抵押合同属于经济合同，依照房地产抵押合同偿还债务是房地产抵押权人的义务。房地产抵押合同一经签订，签约双方应当严格执行，债务履行期届满抵押权人未受清偿的，可以与抵押人协议折价或者以抵押物拍卖、变卖该抵押物所得的价款受偿；协议不成的，抵押权人可以向人民法院提起诉讼。

同一财产向两个以上债权人抵押的，拍卖、变卖抵押物所得的价款按照抵押物登记的先后顺序清偿。

抵押物折价或者拍卖、变卖后，其价款超过债权数额的部分归抵押人所有，不足部分由债务人清偿。抵押人未按合同规定履行偿还债务义务的，依照法律规定，房地产抵押权人有权解除抵押合同，拍卖抵押物，并用拍卖所得价款，优先得到补偿，而不使自己的权利受到侵害。

对于设定房地产抵押权的土地使用权是以划拨方式取得的，依法拍卖该房地产后，应当从拍卖所得的价款中缴纳相当于应缴纳的土地使用权出让金的款额后，抵押权人方可优先受偿。

房地产抵押合同签订后，土地上新增的房屋不属于抵押财产。需要拍卖该抵押的房地产时，可以依法将土地上新增的房屋与抵押财产一同拍卖，但对拍卖新增房屋所得，抵押权人无权优先受偿。

抵押权因抵押物灭失而消灭。因灭失所得的赔偿金，应当作为抵押财产。

【阅读资料】2007 年初，刘先生收到了法院的一纸诉状，称刘先生尚欠银行贷款连本带息共计 5 万余元，这使刘先生一家乱了套。2001 年，刘先生家动迁，通过房产中介，看中了一套 18 余万元二手房。由于动迁款没有到位，刘先生只得申请了 9 万元的公积金贷款。没想到过了不久就拿到了动迁款，这使得贷款毫无必要，于是他向银行申请撤销借款合同，银行也出具了撤销住房抵押申请书。刘先生将动迁款直接交给了中介公司，并由中介公司协助办理了购房手续，取得了房屋的产权证。

但是，刘先生与银行签订借款合同时，指定了借款打入的账户，这个账户是中介公司的，所以刘先生并不知道，当他向银行申请撤销公积金贷款时，银行已经将贷款打入了中介公司的账户，这意味着刘先生无法撤销贷款。然而银行工作人员在没有核查贷款是否已经发放的前提下，便为刘先生办理了撤销房产抵押的手续，使刘先生误以为已经取消了贷款。对此，银行表示，虽然其错误地撤销了房产抵押，但贷款已经发放，并且刘先生一直在履行还款义务，因此借款合同是有效的，刘先生理应还款。

那么，是谁实际取得了贷款，并以刘先生的名义一直履行着还款义务呢？案件的另一个被告房产中介公司给出了答案。原来中介公司早就取得了贷款，因为贪图这 9 万元的低息贷款，一直隐瞒着刘先生，同时也一直履行着还款义务。本来相安无事，没想到中介公司经过对账，发现刘先生尚欠房款 3 万余元，而刘先生坚称已经全部付清了房款，于是中介公司停止向银行还款。法庭上，中介公司承认自己隐瞒了刘先生取得贷款的事实，但要求刘先生付清房款。

于是案件的焦点集中到刘先生是否付清了房款。当法官要求刘先生出示向中介公司支付房款的证据时，刘先生却表示无法举证，案件的审理由此陷入了僵局。法官依法作出判决：银行根据合同约定，将贷款发放至刘先生确认的收款人中介公司的账户内，应视为刘先生已收到借款。随后，银行出具了房地产抵押注销登记申请书，解除了房产抵押，但这一行为只能说明银行自行放弃了抵押权，不能表明借款合同已解除。况且，抵押权解除时，银行已将贷款全额发放，其已经履行了借款合同。依据合同相对性原理，刘先生需偿还银行本金及利息5万余元。

本案例说明了当前社会存在的一个问题，消费者在通过中介购买、租赁房屋或办理抵押登记等手续时，一定要了解中介的资质及信誉，以免日后惹出刘先生一样的麻烦。

6.4 房屋租赁管理

《城市房地产管理法》规定："房屋租赁是指房屋所有权人作为出租人将其房屋出租给承租人使用，由承租人向出租人支付租金的行为。"房屋租赁是房地产市场中重要的一种交易形式，随着改革开放的不断深化，房屋租赁在房地产市场中日渐活跃，房屋租赁的发展对于开放搞活，转换企业经营机制，发展第三产业，改善人民群众的居住条件，都起到了积极的作用。但与此同时，由于规则不明确、行为不规范、管理不到位、法制不健全，使得房屋租赁市场出现了许多新情况、新问题。

6.4.1 房屋租赁概述

1. 房屋租赁的分类

按房屋所有权的性质，房屋租赁分为公有房屋的租赁和私有房屋的租赁。公有房屋的所有权人是国家，但在租赁关系中，国家并不作为民事法律主体出现，而是采取授权的方式，由授权的单位具体管理。按照目前我国的管理体制，直管公房一般由各级人民政府房地产行政主管部门管理，房地产行政主管部门作为直管公房所有人的代表，依法行使占有、使用、收益和处分的权利；自管公房由国家授权的单位管理，其法律特征就是持有《房屋所有权证》。私有房屋的所有权人持有完全的房屋所有权证的个人。对于持有共有权证书的私房主，只能称为共有权人，共有权人必须在所有共有权人同意后方可将房屋出租。

按房屋的使用用途，房屋租赁分为住宅用房的租赁和非住宅用房的租赁，其中，非住宅用房的租赁包括办公用房和生产经营用房的租赁。

2. 房屋租赁的条件

公民、法人或其他组织对享有所有权的房屋和国家授权管理和经营的房屋可以依法出租，但有下列情形之一的房屋不得出租：

（1）属于违法建筑的；

（2）不符合安全、防灾等工程建设强制性标准的；

（3）违反规定改变房屋使用性质的；

（4）法律、法规规定禁止出租的其他情形。

3. 房屋租赁的相关政策

租赁政策是指由各级人民政府制定的用于规范租赁行为的法律、法规和规范性文件。

对于住宅用房的租赁，《城市房地产管理法》规定："住宅用房的租赁，应当执行国家和房屋所在地城市人民政府规定的租赁政策。"之所以这样规定，一方面考虑了各地经济发展水平的不平衡和住房标准的差异，防止政策一刀切，以及由此带来的新的不平衡。这样，各地就可以在国家统一政策下，结合本地的实际情况，因地制宜，推进改革；另一方面，从经济改革和社会安定的大局出发，既要使租赁行为逐步走向市场经济的轨道，又要保证居民不会因此承受太重的负担，以充分体现社会主义制度的优越性，因此，这样规定既符合实际情况，也是稳妥可行的。

对于租用房屋从事生产、经营活动的，《城市房地产管理法》规定："租用房屋从事生产、经营活动的，由租赁双方协商议定租金和其他租赁条款。"从上述规定可以看出，在社会主义市场经济的条件下，对于租用房屋从事生产、经营活动的，在不违背政策法律的前提下，可以由租赁双方协商议定租金和其他租赁条款。随着市场经济的发展，第三产业用房日益增多。第三产业的快速发展，一方面活跃了市场，促进了房地产业的发展，另一方面，也带来了一些差异，因此，其租金标准也不应当由政府规定统一的标准，而应受市场的调节和制约。如位于城市繁华地段的商业用房，租金标准理应高些，至于多少，完全可由租赁双方根据平等、自愿的原则协商议定。

这样把住宅用房与非住宅用房区别对待、分别管理的做法，既可以保证居民合法的住房利益不受影响，又可以使房屋管理尽快适应社会主义市场经济的客观规律。

房屋租赁政策在一些单行法规及地方性法规中有许多规定，在不与《城市房地产管理法》相抵触及新的法规尚未出台之前，这些政策仍将成为房屋租赁的重要依据，主要有：

（1）公有房屋租赁，出租人必须持有《房屋所有权证》和城市人民政府规定的其他证明文件，承租人必须持有房屋所在地城市人民政府规定的租房证明和身份证明（法人单位介绍信）。私有房屋出租人必须持有《房屋所有权证》，承租人必须持有身份证明。

（2）机关、团体、部队和企事业单位不得租用或变相租用城市私有房屋，如因特殊需要必须租用时，必须经县级以上人民政府批准。

（3）承租人在租赁期内死亡，租赁房屋的共同居住人要求继承原租赁关系的，出租人应当继续履行原租赁合同。

（4）共有房屋出租时，在同等条件下，其他共有人有优先承租权。

（5）租赁期限内，房屋所有权人转让房屋所有权，原租赁协议继续履行。

6.4.2 房屋租赁合同

1. 房屋租赁合同的概念及内容

租赁合同是出租人与承租人签订的，用于明确租赁双方权利义务关系的协议。租赁是一种民事法律关系，在租赁关系中，出租人与承租人之间所发生的民事关系主要是通过租赁合同确定的。因此，在租赁中，出租人与承租人应当对双方的权利与义务作出明确的规定，并且以文字形式形成书面记录，成为出租人与承租人关于租赁问题双方共同遵守的准则。《城市房地产管理法》规定："房屋租赁，出租人和承租人应当签订书面租赁合同，约定租赁期限、租赁用途、租赁价格、修缮责任等条款,以及双方的其他权利和义务,并向房产管理部门登记备案。"《商品房屋租赁管理办法》对租赁合同的内容作了进一步的规定,规定租赁合同应当具备以下条款:

(1) 房屋租赁当事人的姓名(名称)和住所;

(2) 房屋的坐落、面积、结构、附属设施,家具和家电等室内设施状况;

(3) 租金和押金数额、支付方式;

(4) 租赁用途和房屋使用要求;

(5) 房屋和室内设施的安全性能;

(6) 租赁期限;

(7) 房屋维修责任;

(8) 物业服务、水、电、燃气等相关费用的缴纳;

(9) 争议解决办法和违约责任;

(10) 其他约定。

房屋租赁当事人应当在房屋租赁合同中约定房屋被征收或者拆迁时的处理办法。

2. 租赁期限

多年来,我国公有住房实行无租赁期限的租赁行为,致使公有住房一旦分配出去就难以收回来,一直不能形成良性循环,这与市场经济体制不适应。正常的租赁行为应有明确的租赁期限,出租人有权在签订租赁合同时明确租赁期限,并在租赁期限届满后收回房屋。承租人有义务在租赁期限届满后返还所承租的房屋,如需继续承租原租赁的房屋,应当在租赁期满前,征得出租人的同意,并重新签订租赁合同。出租人应当按照租赁合同约定的期限将房屋交给承租人使用,并保证租赁合同期限内承租人的正常使用。出租人在租赁合同届满前需要收回房屋的,应当事先征得承租人的同意,并赔偿承租人的损失;收回住宅用房的,同时要做好承租人的住房安置。

在实践中有一些未规定租赁期限的租赁合同,对于这类租赁行为,最高人民法院在关于贯彻《中华人民共和国民法通则》若干问题的规定中规定,未规定租赁期限,房屋所有权人要求收回房屋的,一般应当准许,承租人有条件搬迁的,应当责令其搬迁,如果承租人搬迁有困难的,可给予一定期限让其找房或腾退部分房屋。

3. 租赁用途

是指房屋租赁合同中规定的出租房屋的使用性质。承租人应当按照合同约定的租赁用途和使用要求合理使用房屋,不得擅自改动房屋承重结构和拆改室内设施,不得损害其他业主和使用人的合法权益。承租人因使用不当等原因造成承租房屋和设施损坏的,承租人应当负责修复或者承担赔偿责任。确需变动的,应当征得出租人的同意,并重新签订租赁合同;承租人与第三者互换房屋时,应当事先征得出租人的同意,出租人应当支持承租人的合理要求。换房后,原租赁合同即行终止,新的承租人应与出租人另行签订租赁合同。

4. 租金标准及交付方式

租金标准是租赁合同的核心,是引起租赁纠纷的主要原因,因此也是加强租赁管理的重点之一。租赁合同应当明确约定租金标准及支付方式,同时租金标准必须符合有关法律、法规的规定。出租人除收取房租外,不得收取其他费用。承租人应当按照合同约定交纳租金,不得拒交或拖欠,承租人如拖欠租金,出租人有权收取滞纳金。房屋租赁合同期内，出租人不得单方面随意提高租金水平。

6.4.3　房屋租赁登记备案

房屋租赁合同登记备案是《城市房地产管理法》规定的一项重要内容。实行房屋租赁合同登记备案，一方面可以较好地防止非法出租房屋，减少纠纷，促进社会稳定；另一方面也可以有效地防止国家税费流失。

1. 申请

签订、变更、终止租赁合同的，房屋租赁当事人应当在租赁合同签订后 30 天内，持有关部门证明文件到市、县人民政府房地产管理部门办理登记备案手续。申请房屋租赁登记备案应当提交的证明文件包括：

（1）房屋租赁合同。

（2）房屋租赁当事人身份证明；

（3）房屋所有权证书或者其他合法权属证明；

（4）直辖市、市、县人民政府建设（房地产）主管部门规定的其他材料。

出租共有房屋，还须提交其他共有权人同意出租的证明。出租委托代管房屋，还须提交代管人授权出租的书面证明。房屋租赁当事人提交的材料应当真实、合法、有效，不得隐瞒真实情况或者提供虚假材料。

2. 审查

对符合下列要求的，直辖市、市、县人民政府建设（房地产）主管部门应当在 3 个工作日内办理房屋租赁登记备案，向租赁当事人开具房屋租赁登记备案证明：

（1）申请人提交的申请材料齐全并且符合法定形式；

（2）出租人与房屋所有权证书或者其他合法权属证明记载的主体一致；

（3）不属于不得出租的房屋范围。申请人提交的申请材料不齐全或者不符合法定形式的，直辖市、市、县人民政府建设（房地产）主管部门应当告知房屋租赁当事人需要补正的内容。

6.4.4　房屋租金

房屋租金是承租人为取得一定期限内房屋的使用权而付给房屋所有权人的经济补偿。房屋租金可分为成本租金、商品租金、市场租金。成本租金是有折旧费、维修费、管理费、融资利息和税金五部分组成的；商品租金是由成本租金加上保险费、地租和利润等八部分构成的；市场租金是在商品租金的基础上，根据供求关系而形成的。目前，我国出售公有住房的租金标准是由人民政府根据当地政治、经济的需要和职工的承受能力等因素确定的，仍具有较浓的福利色彩。其他经营性的房屋和私有房屋的租金标准则由租赁双方协商议定。

《城市房地产管理法》规定："以营利为目的，房屋所有权人将以划拨方式取得土地使用权的国有土地上建成的房屋出租的，应当将租金中所含土地收益上缴国家。具体办法由国务院规定。"

6.4.5　房屋转租

房屋转租，是指房屋承租人将承租的房屋再出租的行为，承租人在租赁期限内，如转租所承租的房屋，在符合其他法律、法规规定的前提下，还必须征得房屋出租人的同意，在房屋出租人同意的条件下，房屋承租人可以将承租房屋的部分或全部转租给他人。承租人未经出租人书面同意转租的，出租人可以解除租赁合同，收回房屋并要求承租人赔偿损失。

房屋转租，应当订立转租合同，转租合同除符合有关部门规定外，还必须由出租人在合同上签署同意意见，或有原出租人同意转租的书面证明。转租合同也必须按照有关部门规定办理登记备案手续。转租合同的终止日期不得超过原租赁合同的终止日期，但出租人与转租人双方协商一致的除外。转租合同生效后，转租人享有并承担新的合同规定的出租人的权利与义务，并且应当履行原租赁合同规定的承租人的义务，但出租人与转租人双方协商一致的除外。

转租期间，原租赁合同变更、解除或者终止，转租合同也随之变更、解除或者终止。

【思考题】

1. 房地产交易包括哪几种形式？
2. 什么是房地产转让？包括哪几种形式？
3. 哪些情形下的房地产不得转让？
4. 房地产转让的程序是什么？
5. 什么是商品房预售？开发企业申请《商品房预售许可证》需符合哪些条件？
6. 什么是房地产抵押？办理房地产抵押登记需要哪些程序？
7. 房屋租金有哪几种类型？每种租金是如何构成的？

【实训题】

案例一

【背景】

周某准备开设一家影楼，因资金短缺，便以自有的价值 50 万元的住房为抵押，向生意伙伴杨女士借款 45 万元，当时在借款协议上约定，周某 3 年后归还借款本息，到期若不能归还，就将周某的房产变卖后优先偿还。周某在拿到借款后，就将其房屋的产权证交给了杨女士，但杨女士却没能按法律规定，及时办理抵押物登记手续，可能以为自己拿到房产证就可高枕无忧了。谁知时隔 1 年之后，周某便以自己的原房产证遗失为由补办了房产证，还将其房屋、影楼设备等全部卖给了刘某，并同刘某及时办理了房屋过户手续，而当时刘某也并不知道该房屋已被抵押。周某在得到房款后因涉嫌诈骗潜逃，刘某取得房产所有权，而杨女士所得抵押的房屋产权证被宣布无效。杨女士获悉后，以该房屋已抵押为由要求刘某退房，并将周某和刘某起诉到法院。

【问题】

1. 法院会支持刘某的诉讼请求吗？杨女士的权力如何保护？
2. 办理房屋抵押的相关规定？

案例二

【背景】

原告刘某是某电脑公司职员，被告郭某是某中学教师，原告与被告系朋友关系。2009 年 11 月原告刘某得知本市某房地产公司出售经济适用房，欲购买一套。而根据本市有关政策规定，只有具有本市户口的人才有资格购买，原告非本市户口，无购房资格。原告就与被告口头商定，由原告以被告名义购买经济适用房一套，商品房由原告实际占有、使用。随后，原告出资 30 万元，由被告与某房地产开发公司签订了房屋买卖合同，购得一套 80m² 的两居室房，产权人登记为郭某。之后不久，郭某以该房屋的产权证作抵押向银行贷款 20 万元借给其弟弟做生意。贷款到期后，郭某无力偿还，银行遂要求变卖房屋以实现抵押权。刘某得知后向法院起诉，主张自己为房屋的实际产权人，要求确认被告的房屋抵押行为无效。

【问题】

本案是一个房屋确权纠纷。当事人一方以另一方的名义购买房屋并实际占有和使用，而另一方则实际被登记为房屋产权人，究竟谁应当被确认为房屋的真正产权人？

案例三

【背景】

买了房子，却看不到房屋公摊面积明细资料，业主唐某将开发商告上法庭。在起诉书中，唐某等人起诉称，2010 年他们分别与开发商签订了购买某市某花园住宅的《房屋预售合同》，此后他们多次提出要求开发商出示公摊面积明细资料，但都没有得到肯定答复。而开发商则认为，开发商按照法律规定委托了有测绘资质的房地产勘查测绘所，对花园住宅楼进行了测绘并出具了报告书，此后，他们就将报告书、房屋面积测绘表及楼内分摊部位，数次张贴在办理入住的办公室墙上。

【问题】

1. 开发商应该出示公摊面积明细资料吗？

2. 分摊部位包括哪些内容？每个建筑物一样吗？

第7章　房地产权属登记管理

学习目标

1. 了解我国房地产登记制度的特点、意义和原则；
2. 掌握房屋登记的种类；
3. 掌握土地登记的种类；
4. 熟悉特殊情况权属登记的相关要求；
5. 了解房地产权属登记的程序；
6. 了解房地产权属登记发证制度。

7.1　房地产权属登记概述

房地产登记是指房地产登记机关依法将房地产权利和其他应当记载的事项在房地产登记簿上予以记载的行为，是将房地产权利现状、权利变动情况以及其他相关事项记载在房地产登记簿上予以公示的行为，是一种不动产物权的公示方式。

7.1.1　房地产权属登记制度

1. 房地产权属登记的类型

根据权属登记的内容和方式的不同，各国房地产权属登记制度分为契据登记制和产权登记制两大类型。

（1）契据登记制

契据登记制度的理论基础是对抗要件主义。这一理论认为：房地产产权的变更或他项权利的设定，只要当事人订立合约之时就已生效，即双方一经产生债的关系，房地产权利的转移或他项权利的设定即同时成立。登记，仅仅是作为对抗第三人的要件，所以称为对抗要件主义。其主要特点是：登记机关对登记申请采取形式审查主义，登记权利之状态；登记只具有公示力而无公信力，即登记事项在实体上不成立或无效时，可以对抗善意第三人，法院可以裁定已登记的契约无效，登记机关对此并不承担责任。因该项制度为法国首创，所以又称为"法国式登记制度"。

（2）产权登记制

产权登记制的理论基础是成立要件主义。这一理论认为：房地产权利的转移或他项权利的设定，当事人订立的合同具有其效力。但这种效力只是一种债的效力，即当事人在法律上只能得到债权的保护，而不能得到物权的保护。只有履行权属登记手续以后，房屋受让人或他项权利的权利人的房屋所有权或房屋他项权利才告成立。将登记作为房地产权利成立的要件,所以称为成立要件主义。产权登记制又可分为权利登记制和托仑斯登记制两种。

1) 权利登记制

登记机关对权利人的申请进行实质性审查,登记是由房地产所在地的登记机关备置登记簿,簿上记载房地产权利的取得、变更的过程,使有利害关系的第三人可就登记簿的记载推知该房地产产权状态,若房地产权利的取得未经登记,便不产生效力,不仅不能对抗第三人,即使在当事人之间也不发生效力。其主要特点为:登记机关对登记申请采取实质审查主义,登记权利的现状;登记具有公信力,即登记簿上所载事项,对善意第三人,在法律上有绝对的效力。因该项制度发源于德国,故又称为"德国式登记制度"。

2) 托仑斯登记制度

为澳大利亚人托仑斯所创,在核准登记以后发给权利人权属证书,房地产权利一旦载入政府产籍,权利状态就明确地记载在权属证书上,权利人可以凭证行使房地产权利。其主要特点是:房地产权利一经登记便具有绝对的法律效力;已登记权利如发生转移,必须在登记簿上加以记载;登记采取强制登记制度;登记簿为两份,权利人取得副本,登记机关保留正本,正副本内容必须完全一致。

2. 我国房地产权属登记制度的特点

我国现行的房地产登记制度,类似德国式登记制,兼采用托仑斯登记制,但又有自己的特点,概括起来,主要有以下几点:

(1) 房地产登记实行统一登记制

房屋与所占用的土地使用权是不可分割的,房地产产权的登记本应当是一次进行的,证书也应当只领取一个。《房屋登记办法》第八条规定:"办理房屋登记,应当遵循房屋所有权和房屋占用范围内的土地使用权权利主体一致的原则。"《物权法》规定:国家对不动产实行统一登记制度。但是,由于我国房地产事项由房屋与土地分部门管理,所以房地产权属登记一般是土地使用权和房屋所有权登记分别在土地管理机关和房地产管理机关进行。

(2) 房地产权属登记为房地产权利动态登记

当事人对房地产权利的取得、变更、丧失均须依法登记,不经登记,不发生法律效力,不能对抗第三人。房地产权属登记,不仅登记房地产静态权利,而且也登记权利动态过程,使第三人可以就登记情况,推知该房地产权利状态。

(3) 房地产权属登记采取实质审查

房地产权属登记时,登记机关对登记申请人提出的登记申请,不仅要审查形式要件,而且还必须对申请登记的权利的权源证明是否有效严格审查,必要时可以实地查勘,形式要件与实地勘验结果一致,方予以登记。《物权法》第二十一条规定:"当事人提供虚假材料申请登记,给他人造成损害的,应当承担赔偿责任。因登记错误,给他人造成损害的,登记机构应当承担赔偿责任。登记机构赔偿后,可以向造成登记错误的人追偿。"根据最高法院相关司法解释:房屋登记机构工作人员与第三人恶意串通违法登记,侵犯原告合法权益的,房屋登记机构与第三人承担连带赔偿责任。可见,房屋登记机构在其职能范围内必须尽到审慎合理的审查义务。

（4）房地产权属登记具有公信力

依法登记的房产权利受国家法律保护，权属证书是权利人依法拥有房产权利的唯一合法凭证。房地产权利一经登记机关在登记簿上注册登记，该权利对于第三人在法律上有绝对效力。

（5）房地产权属登记实行登记制

不动产物权的设立、变更、转让和消灭，依照法律规定应当登记的，自记载于不动产登记簿时发生效力。未办理物权登记的，除法律另有规定或者合同另有约定外，不影响合同效力。但是，不发生物权转移。

（6）颁发权利证书

房地产权属登记机关对产权申请人登记的权利，按程序登记完毕后，还要给权利人颁发权利证书。不动产权属证书是权利人享有该不动产物权的证明。不动产权属证书记载的事项，应当与不动产登记簿一致；记载不一致的，除有证据证明不动产登记簿确有错误外，以不动产登记簿为准。权利证书为权利人权利之凭证，由权利人持有和保管。目前我国不动产登记机关颁发的权属证书有：国有土地使用权证、集体土地使用权证、集体土地所有权证、土地他项权证；房屋所有权证、房屋共有权证、房屋他项权证等。

7.1.2 房地产权属登记的任务

1. 做好房地产权属登记、确权、发证工作

权属登记、确权、发证工作是产权产籍管理的主要的、经常性的工作。在全国性房地产总登记工作的基础上，主要的经常性的任务就是做好初始取得的土地使用权、新建房屋所有权、房地产产权的转让、变更、他项权利等的登记、核实、确权和发证工作，以及房地产灭失、土地使用权年限届满、他项权利终止等的注销工作。

2. 做好房地产测绘工作

房地产测绘是根据房地产产权管理的需要，应用测绘技术、绘制出以权属为核心、权属的单元界址为基础，以房屋及房屋所占用的平面位置、房屋状况、面积为重点的房地产图。用于房屋权属登记等房地产管理的房地产图须经房地产行政管理部门审核后，方具有法律效力。审核后的房地产图纳入房地产档案统一管理。房地产测绘应严格执行有关的测量技术规范。房地产的权属关系、自然状况发生变化时，应及时、准确地进行变更测量，使房地产图和实际情况保持一致。

3. 做好房地产产籍管理工作

首先要做好现有产籍资料的管理，要针对资料的收集、整理、鉴定、立卷、归档、制订目录索引和保管等各个环节建立一整套制度，以便档案的科学管理和方便查阅利用；其次是在初始产籍的基础上，根据产权管理提供的权属转移、变更、房地产的变化情况，不断对产籍资料进行修正、补充和增籍灭籍工作，以保持产籍资料的完整、准确，使图、档、卡、册与实际情况保持一致。

除了以上三项任务外，房地产权属登记工作还要为征地、征收房屋、落实私房政策的房产审查和处理权属纠纷提供依据。

7.1.3　房地产权属的目的和意义

1. 保护房地产权利人的合法权益

《物权法》第九条规定："不动产物权的设立、变更、转让和消灭，经依法登记，发生效力；未经登记，不发生效力，但法律另有规定的除外。"由此可见，不动产登记的重要性，保护房地产权利人的合法权益是产权产籍管理的根本目的和出发点。

加强产权产籍管理工作，就是要及时、准确地对房地产权属进行登记、审查、确权，发放房地产权属证书。凡经房地产管理部门确认并颁发了房地产权属证书的房地产，其权利人在房地产方面的权利，如房屋所有权、土地使用权、房地产租赁和抵押权、公民合法继承权等，都受到国家法律的保护。任何组织或个人侵犯了房地产权利人的这些合法权益，都要承担法律责任。

2. 房地产产权管理是房地产管理的基础工作

（1）房地产开发和住宅建设，首先需要产权产籍管理部门提供建设区域内的土地和原有房屋的各种资料，以便合理地规划建设用地，妥善安置原有住户，并依法按有关规定对拆迁的房屋给予合理的补偿。

（2）房屋的买卖、土地使用权的转让、房地产租赁、抵押等房地产交易活动，都涉及房地产权属和房屋的自然状况，这就要求产权产籍管理部门提供该房地产的位置、权界、面积、建筑年代等准确资料，以便对交易的房地产进行评估，征收有关税费，为房地产保险业务提供依据，办理产权过户手续，从而防止房地产交易后产生各种产权纠纷。

（3）房地产服务，如住宅小区管理服务、房屋的管理和修缮服务，需要产权产籍管理部门提供房地产权属性质及房地产的有关资料，以便根据不同的产权性质、不同的地段、面积、结构、用途等具体情况，确定修缮范围和收取的费用，保证房地产的正常管理和服务。

综上所述，产权产籍管理贯穿房地产开发、建设、使用的全过程。

3. 房地产产权管理为城市规划、建设、管理提供科学依据

要搞好城市规划、建设和管理，首先要了解城市土地的自然状况，以及房屋的布局、结构、用途等基本情况。产权产籍管理工作能全面、完整、及时、准确地提供上述资料，从而使城市规划和建设更加科学化。产权产籍管理所提供的各种信息对旧城改造、新区建设、市政工程、道路交通、环保、绿化等城市建设和管理都是不可缺少的科学依据。

7.1.4　房地产权属登记的原则

1. 权利主体一致原则

房地产是一个有机的不可分割的统一体。因此，房屋所有权人和该房屋占用的土地使用权人，必须同属一人（包括法人和自然人），除法律、法规另有规定的以外。在办理产权登记时，如发现房屋所有权人与房屋所占用的土地使用权人不属同一人时，应查明原因；一时查不清的，暂不予办理登记。

2. 属地管理原则

房地产是坐落在一定的自然地域上的不可移动的资产。因此，房地产产权产籍管理必须坚持属地管理原则，即只能由市（县）房地产管理部门负责所辖区范围内的房地产

产权管理工作；房地产权利人也只能到房屋所在地的市（县）房地产管理部门办理产权登记。

7.2　房地产权属登记的种类

7.2.1　房屋权属登记

房屋登记的类型是指房地产权属登记中的各种存在形式，我国房屋权属登记通常分为所有权登记、抵押权登记、地役权登记、预告登记和其他登记五种。

1. 房屋所有权登记

所有权登记又分为：房屋所有权初始登记、房屋所有权转移登记、房屋所有权变更登记和房屋所有权注销登记。

（1）房屋所有权初始登记

在依法取得的土地上，新建成的房屋权利人持有关证明文件，到县级以上的房产管理部门申请权属登记。

国有土地上新建的房屋，由房地产开发企业在房屋竣工后3个月内向登记机关申请房屋所有权初始登记，并提交用地证明文件或者土地使用权证、建设用地规划许可证、建设工程规划许可证、施工许可证、房屋竣工验收资料以及其他有关的证明文件。

房地产开发企业申请房屋所有权初始登记时，应当对建筑区划内依法属于全体业主共有的公共场所、公用设施和物业服务用房等房屋一并申请登记，由房屋登记机构在房屋登记簿上予以记载，不颁发房屋权属证书。

经过房屋土地管理部门的审核，确认某一房地产的所有权、使用权的隶属关系和他项权利。通过确权以后，开发商取得《房屋所有权证》，又称大产权证。开发商只有取得了大产权证，购房者才能申请办理转移登记，领取个人的《房屋所有权证》。

集体土地上的房屋转为国有土地上的房屋，申请人应当自事实发生之日起30日内向登记机关提交用地证明等有关文件，申请房屋所有权初始登记。

（2）房屋所有权转移登记

房屋所有权转移登记是指房地产权属登记机关对房屋所有权因各种合法原因发生转移时所作的登记。房地产转让或者变更时，应当向县级以上地方人民政府房产管理部门申请房产变更登记，并凭变更后的房屋所有权证书向同级人民政府土地管理部门申请土地使用权变更登记，经同级人民政府土地管理部门核实，由同级人民政府更换或者更改土地使用权证书。

需要办理转移登记的情形包括：

1）买卖；

2）互换；

3）赠与、继承、受遗赠；

4）房屋分割、合并导致所有权转移；

5）以房屋出资入股；法人或者其他组织分立、合并，导致所有权发生转移；

6）法律法规规定的其他情形。

（3）房屋所有权变更登记

房屋所有权变更登记是指房地产权属登记机关对房屋所有权人名称和房屋现状发生变更时所作的登记。

需要办理变更登记的情形包括：

1）房屋所有权人的姓名或者名称变更的；

2）房屋坐落的街道、门牌号或者房屋名称变更的；

3）房屋面积增加或者减少的；

4）同一所有权人分割、合并房屋的；

5）法律、法规规定的其他情形。

（4）房屋所有权注销登记

房屋所有权注销登记是指已经登记的房屋权利因一定的原因消灭后，当事人申请将该房屋权利予以注销，使这项权利在登记簿的记载中不复存在。

需要办理注销登记的情形包括：

1）房屋灭失的；

2）放弃所有权的；

3）法律、法规规定的其他情形。

2. 房屋抵押权登记

房屋抵押登记是登记机关对当事人设定抵押权进行的登记。房屋登记机构应当将抵押当事人、债务人的姓名或者名称；被担保债权的数额；登记时间等事项记载于房屋登记簿。

房屋登记簿记载事项发生变化的，依法登记的房屋抵押权因主债权转让而转让的，主债权消灭、抵押权已经实现或抵押权人放弃抵押权的，当事人应当分别申请抵押权变更登记、转移登记和注销登记。

3. 房屋地役权登记

地役权是指按照合同的约定，利用他人的不动产，以提高自己的不动产的效益的权利。其中他人的不动产为供役地，自己的不动产为需役地，需役地的权利人为地役权人。

在房屋上设定地役权，就是利用他人的房屋以提高自己房屋的收益。在房屋上设立地役权的，当事人可以申请地役权设立登记。

对符合规定条件的地役权设立登记，房屋登记机构应当将有关事项记载于需役地和供役地房屋登记簿，并可将地役权合同附于供役地和需役地房屋登记簿。已经登记的地役权发生变更、转让或者消灭情形的，当事人应当申请变更登记、转移登记、注销登记。

4. 房屋预告登记

房屋预告登记是指申请人为保障将来的物权实现，向房屋登记机构申请，将申请事项在登记簿上记载的预先登记行为。有下列情形之一的，当事人可以申请预告登记：

1）预购商品房；

2）以预购商品房设定抵押；

3）房屋所有权转让、抵押；

4）法律、法规规定的其他情形。

预告登记后，未经预告登记的权利人书面同意，处分该房屋申请登记的，房屋登记机构不予办理。

预售人和预购人订立商品房买卖合同后，预售人未按照约定与预购人申请预告登记，预购人可以单方申请预告登记。

预告登记后，债权消灭或者自能够进行相应的房屋登记之日起 3 个月内，当事人申请房屋登记的，房屋登记机构应当按照预告登记事项办理相应的登记。

3 个月内未申请房屋登记的，预告登记失效。

5. 其他登记

其他登记包括更正登记和异议登记。

（1）房屋更正登记

权利人、利害关系人认为房屋登记簿记载的事项有错误的，可以申请更正登记。

房屋登记机构发现房屋登记簿的记载错误，不涉及房屋权利归属和内容的，应当书面通知有关权利人在规定期限内办理更正登记；当事人无正当理由逾期不办理更正登记的，房屋登记机构可以依据申请登记材料或者有效的法律文件对房屋登记簿的记载予以更正，并书面通知当事人。

对于涉及房屋权利归属和内容的房屋登记簿的记载错误，房屋登记机构应当书面通知有关权利人在规定期限内办理更正登记；办理更正登记期间，权利人因处分其房屋权利申请登记的，房屋登记机构应当暂缓办理。

（2）房屋异议登记

利害关系人认为房屋登记簿记载的事项错误，而权利人不同意更正的，利害关系人可申请异议登记。

异议登记期间，房屋登记簿记载的权利人处分房屋申请登记的，房屋登记机构应当暂缓办理。登记机构予以异议登记的，申请人在异议登记之日起十五日内不起诉，异议登记失效。

7.2.2　土地登记

1. 土地总登记

是指在一定时间内对辖区内全部土地或者特定区域内土地进行的全面登记。对符合总登记要求的宗地，由国土资源行政主管部门予以公告。公告期满，当事人对土地总登记审核结果无异议或者异议不成立的，由国土资源行政主管部门报经人民政府批准后办理登记。

2. 土地初始登记

土地初始登记是指土地登记机关对土地所有权、使用权和他项权利进行的统一登记。初始登记的主要作用在于确定土地权属，完备地籍资料。包括国有建设用地使用权初始登记、出让国有建设用地使用权初始登记、租赁国有建设用地使用权初始登记、作价出资或者入股国有建设用地使用权初始登记、授权经营国有建设用地使用权初始登记、集体土地所有权初始登记、集体建设用地使用权初始登记、集体农用地使用权初始登记、土地使用权抵押登记、地役权登记等。

3. 土地变更登记

变更登记是指因土地权利人发生改变，或者因土地权利人姓名或者名称、地址和土地用途等内容发生变更而进行的登记。包括：

(1) 国有建设用地使用权变更登记；

(2) 建设用地使用权变更登记；

(3) 土地使用权变更登记；

(4) 土地抵押权变更登记；

(5) 地役权变更登记；

(6) 姓名或者名称、地址变更登记；

(7) 土地用途变更登记。

4. 土地注销登记

注销登记是指因土地权利的消灭等而进行的登记。包括：

(1) 依法收回国有土地；

(2) 征收集体土地；

(3) 因生效法律文书使原土地权利消灭；

(4) 当事人未办理注销登记；

(5) 因自然灾害等造成土地权利消灭；

(6) 非住宅国有建设用地期限满后不再续期的。

5. 其他登记

其他登记包括更正登记、异议登记、预告登记和查封登记。

(1) 更正登记

更正登记是指已完成初始或变更土地登记的结果有误或有遗漏时，由权利人和利害关系人申请或由土地登记机关依职权更正原登记内容的土地登记。

更正登记的主体分为两类，一是土地权利人和利害关系人发现土地登记结果有误或有遗漏时，依照法定程序以书面形式向土地登记机关申请更正登记，经土地登记机关审核，申请属实的，办理更正；另一种是土地登记机关发现有明显的登记错误，如审查疏忽造成错登、漏登的，土地登记机关可依职权，根据事实，按照原登记报批程序，进行更正登记。

(2) 异议登记

异议登记是指登记机关将事实上的权利人以及利害关系人对土地登记簿记载的权利所提出的异议记入登记簿的行为。异议登记的目的是暂时限制土地登记簿上（记载）的权利人的权利，以保障提出异议登记的利害关系人的权利。异议登记期间，不经异议登记权利人同意，不得办理土地变更登记或土地抵押权登记，

(3) 预告登记

《土地登记办法》第六十二条规定，当事人签订土地权利转让的协议后，可以按照约定持转让协议申请预告登记。土地权利预告登记必须由双方当事人共同申请。对符合预告登记条件的，国土资源行政主管部门应当将相关事项记载于土地登记簿，并向申请人颁发预告登记证明。

预告登记后，债权消灭或者自能够进行土地登记之日起 3 个月内当事人未申请土地登记的，预告登记失效。预告登记期间，未经预告登记权利人同意，不得办理土地权利的变更登记或者土地抵押权、地役权登记。

（4）查封登记

查封登记是指国土资源行政主管部门根据人民法院提供的查封裁定书和协助执行通知书，报经人民政府批准后将查封或者预查封的情况在土地登记簿上加以记载的登记。不动产一经查封登记，即不得进行处分。

7.2.3 几种特殊情况下的权属登记

1. 房改售房权属登记

为保证住房制度改革的顺利实施，保障产权人的合法权益，规范房改中公有住房出售后的权属登记发证工作，建设部对房改售房权属登记发证作了以下规定：

（1）职工以成本价购买的住房，产权归个人所有，经登记核实后，发给《房屋所有权证》，产别为"私产"，注记："房改出售的成本价房，总价款：××元"。

（2）职工以标准价购买住房，拥有部分产权。经登记核实后，也发给《房屋所有权证》，产别为"私产（部分产权）"，注记："房改出售的标准价房，总价款：××元，售房单位××××，产权比例为××（个人）；××（单位）。"

（3）上述两款的"总价款"，是指实际售价与购得建筑面积的乘积，不是指按规定折扣后的实际付款额。

（4）以成本价或标准价购买的住房，产权来源为"房改售房"。

（5）数人出资购房并要求核发《房屋共有权证》的，经登记核实后，可发给权利人《房屋共有权证》，并根据投资比例，注记每人所占份额。

（6）对于集资建房、合作建房、单位补贴房、解困房等，原则上应以建房时所订立的协议（或合同）中所规定的产权划分条款为准。产权划分条款订立不明确的，应由当事人再行协商，补签协议予以明确，按补签协议划分产权。以后，各类建房协议（或合同）凡涉及产权划分的，都应明确规定房屋建成后的产权分配。

2. 直接代为登记

《城市房屋权属登记管理办法》第二十一条规定：对依法由房地产行政主管部门代管的房屋、无人主张权利的房屋以及法律、法规规定的其他情形，并记机关可依法直接代为登记：

房屋权属登记应当由权利人提出申请，但在某些情况下，由于权利人不明或无人主张产权，登记机关无法对此进行登记。政府为使产籍完整，并有利于对这类房屋的保护，可由登记机关直接代为登记。

依法由房管部门代管的房屋主要是指一些房屋建造年代久远、权利人不明的房屋。个人或单位委托房管部门代管的房屋，不属于这一范围，而应当由委托人即权利人按正常手续提出申请。无人主张权利的房屋一般有两种情况：

（1）由于房主下落不明，而又未曾由房管部门代管的；

（2）房主长期不申请权属登记，被登记机关责令限期登记后，仍不申请登记或申请暂缓登记的。

直接代为登记，除不填写申请表外，应按正常的登记程序进行。但由于这类房屋权属状态不明，不予颁发房屋所有权证。这类房屋权利状态确定后，再由房屋所有权人重新提出申请。

3. 商品房的登记

实质上就是房屋初始登记。房地产开发企业在获得开发地块并建成房屋后，应当按《城市房地产管理法》第六十条的规定："凭土地使用权证书向县级以上地方人民政府房产管理部门申请登记，由县级以上地方人民政府房产管理部门核实并颁发房屋所有权证书"。作这样的规定，可以使商品房的管理更为规范，也更有利于维护消费者的合法权益。

在实际工作中，由于开发企业将房屋建成时，已有一部分或者大部分房屋已经预售，余下的房屋也将陆续出售，很多地方都采用备案的方法。与一般的初始登记的区别在于，在按正常的登记手续登记后不立即给开发企业发统一的权属证书，而是将每一处的房屋状况分为若干个单位（如按套）分别记录在案或输入计算机。然后允许购买商品房的客户凭购房合同和发票直接办理房产交易和转移登记手续。

4. 分割出售房屋的登记

以前，曾有一些房地产开发企业将房屋以一平方米为单位进行销售，实为融资。由于这种房屋所有权的客体不明确，没有明确的位置和权属界址，房屋所有权无法确认。住建部发出通知，要求各地登记机关不得为"一平方米单位"出售的房屋办理权属登记手续。

5. 在建工程登记

住建部《城市房地产抵押管理办法》中分别规定了在建工程抵押和预购商品房贷款抵押。

在建工程抵押时，当事人应按《城市房地产抵押管理办法》第二十八条的规定，在抵押合同中载明有关内容。登记机关在办理登记时，要按这一内容进行审核。在建工程竣工时，如抵押权仍未消灭，抵押人在申请领取房屋权属证书时，当事人应重新办理房产抵押登记。

6. 预售商品房抵押登记

预售商品房抵押也称为房屋期权抵押，购房者在签订购房合同时，双方只是产生了债的关系，购房者获得的仅仅是债权，尚不是房屋所有权。登记机关受理预售商品房抵押登记时，应审核出售房屋一方是否获得商品房预售许可证。在房屋竣工交付使用时，对已办理预售商品房抵押登记的，应在领取房屋所有权证时同时办理房屋抵押登记。

7.3　房地产权属登记的程序

房地产权属登记按受理登记申请、权属审核、公告、核准登记并颁发权属证书等程序进行。

7.3.1　受理登记申请

受理登记申请是申请人向房屋所在地的登记机关提出书面申请，填写统一的登记申请表，提交有关证件。如其手续完备，登记机关则受理登记。

房屋所有权登记申请必须由房屋所有权人提出，房屋他项权利登记应由房屋所有人和他项权利人共同申请。

申请人申请权属时应填写登记申请表，权利人必须使用法定名称，权利人为法人或其他组织的，应由其法定代表人申请；权利人为自然人的，应使用与其身份证相一致的姓名。对委托代理申请登记的，应收取委托书并查验代理人的身份证件，不能由其他人持申请人的身份证件申请登记。

工作人员在查验各类证件、证明和申请表、墙界表各栏目内容后，接受申请人的登记申请，并按收取的各类书证，向申请人出具收件收据。

7.3.2 权属审核

权属审核是房地产权属登记机关对受理的申请进行权属审核。主要是审核查阅产籍资料、申请人提交的各种证件，核实房屋现状及权属来源等。

权属审核一般采用"三审定案"的方法。即采用初审、复审和审批的方法。随着我国权属登记制度的日益完善，对一部分房屋权属的确定，可以视情况采用更为简捷的方法。例如，已经由房地产开发企业申请备案登记的房屋，房屋及其分层分户的状况已十分明确，权属转移手续也较为规范。这样就可以采用初审和审批的方法，省去复审过程。对于商品房甚至可以采用直接登记当即发证的方法，收件后随即审批并打印权属证书。

（1）初审

是对申请人提交的证件、证明以及墙界情况、房屋状况等进行核实，并初步确定权利人主张产权的依据是否充分、是否合法。初审工作要到现场查勘，并着重对申请事项的真实性负责。

现场勘丈：现场勘丈和房地产测绘不同，除了对房屋坐落位置、面积进行核实外，要核对权属经界、核对墙界情况，对邻户的证明，也要予以——核定，其中包括签字、印章的真实性。对有租户或属共有的房产，如果属于房屋买卖以后的转移登记，还要查核有无优先购买权问题。

（2）复审

是权属审查中的重要环节，复审人员一般不到现场调查，但要依据初审中已确定的事实，按照法律、法规及有关规定，并充分利用登记机关现存的各项资料及测绘图件，反复核对，以确保权属审核的准确性。

复审人员应对登记件负责全面审查，着重对登记所适用的法律、法规负责。

7.3.3 公告

公告是对可能有产权异议的申请，采用布告、报纸等形式公开征询异议，以便确认产权。公告并不是房屋权属登记的必经程序，登记机关认为有必要进行时进行公告。

7.3.4 核准登记

经初审、复审、公告后的登记件，应进行终审，经终审批准后，该项登记即告成立，终审批准之日即是核准登记之日。

终审一般由直接负责权属登记工作的机构如产权管理处的领导或领导指定的专人进行。终审是最后的审查，终审人员应对登记的全过程负责，对有疑问的问题，应及时向有关人员指出，对复杂的问题，也可采用会审的办法，以确保确权无误。

7.3.5 发权属证书

（1）权属证书的制作
经终审核准登记的权利，可以制作权属证书。

填写房屋权属证书，应当按建设部《关于制作颁发全国统一房屋权属证书的通知》的规定来填写。无论是使用计算机缮证或是手工缮证，在缮证后都要由专人进行核对，核对各应填写项目是否完整、准确，附图与登记是否一致，相关的房屋所有权证、房屋他项权证和共有权保持证的记载是否完全一致。核对人员要在审批表核对人栏内签字以示负责。核对无误的权属证书就可编造清册，并在权属证书上加盖填发单位印章。

（2）权属证书的颁发

向权利人核发权属证书是权属登记程序的最后一项。

1）通知权利人领取权属证书。一般可采用寄发统一的领证通知书的办法，告知权利人在规定时间携带收件收据、身份证件以及应缴纳的各项费用到指定地点领取。

2）收取登记费用。登记费用一般包括登记费、勘丈费和权证工本费。

3）发证。房屋权属证书包括《房屋所有权证》、《房屋他项权证》等。申请登记房屋为共有房屋的，房屋登记机构应当在房屋所有权证上注明"共有"字样。预告登记、在建工程抵押权登记以及法律、法规规定的其他事项在房屋登记簿上予以记载后，由房屋登记机构发放登记证明。地权利证书包括：《国有土地使用证》、《集体土地所有证》、《集体土地使用证》、《土地他项权利证明书》。发证完毕后，将收回的收件收据及全部登记文件及时整理，装入资料袋，及时办理移交手续，交由产籍部门管理。

7.4 房地产权属登记发证制度

《城市房地产管理法》规定："国家实行土地使用权和房屋所有权登记发证制度"。房地产权属登记发证制度是产权产籍管理的首要的核心内容。

7.4.1 房地产登记发证的法定机关

《物权法》规定：不动产登记，由不动产所在地的登记机构办理。当事人申请登记，应当根据不同登记事项提供权属证明和不动产界址、面积等必要材料。登记机构应当履行下列职责：查验申请人提供的权属证明和其他必要材料；就有关登记事项询问申请人；如实、及时登记有关事项；法律、行政法规规定的其他职责。

1. 房屋登记机构

房屋登记，是指房屋登记机构依法将房屋权利和其他应当记载的事项在房屋登记簿上予以记载的行为。直辖市、县人民政府建设（房地产）主管部门或者其设置的负责房屋登记工作的机构为房屋登记机构。国务院建设主管部门负责指导、监督全国的房屋登记工作。省、自治区、直辖市人民政府建设（房地产）主管部门负责指导、监督本行政区域内的房屋登记工作。

2. 土地登记机构

土地登记，是指将国有土地使用权、集体土地所有权、集体土地使用权和土地抵押权、地役权以及依照法律法规规定需要登记的其他土地权利记载于土地登记簿公示的行为。

土地登记实行属地登记原则。申请人应当依照本办法向土地所在地的县级以上人民政府国土资源行政主管部门提出土地登记申请，依法报县级以上人民政府登记造册，核发土地权利证书。但土地抵押权、地役权由县级以上人民政府国土资源行政主管部门登记，核发土地他项权利证明书。跨县级行政区域使用的土地，应当报土地所跨区域各县级以上人民政府分别办理土地登记。在京中央国家机关使用的土地，按照《在京中央国家机关用地土地登记办法》的规定执行。

依据上述法律、法规的规定，房地产行政主管部门才是法定的房屋所有权属登记发证机关，其他部门办理的房屋所有权属登记和发放的房屋所有权证书，不具有法律效力，不受国家法律的保护。

7.4.2　房地产权属登记发证的工作程序

房地产权属登记发证的管理机构分工和部门之间的工作程序作为国家一级的管理机构，在国务院内部的分工是：国家建设部负责全国房屋所有权权属的确权、登记、发证管理工作，国土资源部负责全国土地使用权的确权、登记、发证管理工作。

省级地方的房地产权属发证管理工作机构的分工及其职权由各省、自治区、直辖市人民政府根据具体情况，具体确定。

市、县一级房地产登记发证的管理机构分工及工作程序分两种情况：

1. 在房、地分管体制下

《城市房地产管理法》对工作程序作了如下规定：

"以出让或者划拨方式取得土地使用权，应当向县级以上地方人民政府土地管理部门申请登记，经县级以上地方人民政府土地管理部门核实，由同级人民政府颁发土地使用权证书。"

"在依法取得的房地产开发用地上建成房屋的，应当凭土地使用权证书向县级以上地方人民政府房产管理部门申请登记，由县级以上人民政府房产管理部门核实并颁发房屋所有权证书。"

"房地产转让或者变更时，应当向县级以上地方人民政府房产管理部门申请房产变更登记，并凭变更后的房屋所有权证书向同级人民政府土地管理部门申请土地使用权变更登记，经同级人民政府土地管理部门核实，由同级人民政府更换或者更改土地使用权证书。"

"法律另有规定的，依照有关法律的规定办理。"

2. 在房、地统管体制下

《城市房地产管理法》规定："经省、自治区、直辖市人民政府规定，县级以上地方人民政府由一个部门统一负责房产管理和土地管理工作的，可以制作颁发统一的房地产权证书"。目前，房、地实行统一管理的有广州、北京、上海、重庆等城市。

目前，全国房地产产权产籍管理体制，大体有以下四种模式：

（1）按土地的行政管理与经营管理划分权限的管理模式。即土地管理部门负责城乡地籍、地政管理和土地的出让、权属登记管理；房地产管理部门负责土地的开发利用、房地产转让、出租、抵押和房屋所有权的登记发证管理。这种模式在产权登记发证方面实行"两家各发一个证"的做法，即土地管理部门发土地使用权证，房地产管理部门发房屋所有权证。

（2）按土地出让前后划分权限的管理模式。即土地管理部门负责土地出让和出让前的工作，土地出让以后的一切管理工作由房地产管理部门负责。这种模式，即市房地产管理局负责城区土地出让后的土地地政、地籍管理，并统一发房屋所有权证和土地使用权证。这种模式实行由房地产管理部门"一家发两证"的做法。

（3）按城、乡划分权限的管理模式。即城市范围内土地的出让、转让、出租、抵押以及土地使用权和房屋所有权的登记发证管理工作均由市房地产管理局负责。农村地区的土地管理由土地局负责。这种模式在产权登记发证方面实行由房地产管理局"一家发两证"的做法。

（4）实行"房地合一"的管理模式。即市政府把房地产管理局和市土地管理局合署办公，实行"一套人马，两块牌子"的体制，作为城乡房地产的主管部门。在产权登记发证方面实行只发一个"房地产证"的做法。

7.4.3　房屋权属证书的种类

房屋权属证书包括《房屋所有权证》、《房屋共有权证》、《房屋他项权证》或者《房地产权证》、《房地产共有权证》、《房地产他项权证》。

1. 房屋所有权证

《房屋所有权证》又称《房产证》，是指购房者通过交易，取得房屋的合法所有权，可依法对所购房屋行使占有、使用、收益和处分的权利的证件。

2. 房屋共有权证

《房屋共有权证》一般为县级以上房产管理部门对共有的房屋向共有权人核发，每个共有权人各持一份的权利证书，用以证明共有房屋的归属；是房屋产权登记机关颁发给两个或者两个以上的权利人的法定凭证。

3. 房屋他项权证

《房屋他项权证》是房屋产权登记机关颁发给抵押权人或者典权人等项权利人的法定凭证。房屋他项权证书由他项权利人收执。他项权利人依法凭证行使他项权利，受国家法律保护。

【思考题】

1. 房地产权属登记的种类有哪些？
2. 我国房地产登记制度有哪些特点？
3. 如何理解房地产权属登记具有的公信力？
4. 简述预告登记的作用？
5. 简述房地产登记机关在登记审查中的民事法律责任？

【实训题】

小产权房，何去何从？

查找资料，了解目前国内小产权房的现状，以及政府对待小产权房的态度，提出您对小产权房何去何从的想法。

（所谓小产权房，是指在农村集体土地上建设的房屋，未缴纳土地出让金等费用，其产权证不是由国家房管部门颁发，而是由乡政府或村政府颁发，所以叫做"乡产权房"，又叫"小产权房"）

第8章　房地产税收管理

学习目标

1. 熟悉我国房地产开发、交易和持有环节的税收种类；
2. 了解房产税的征收范围、税率及纳税依据；
3. 掌握契税的征收范围、税率及纳税依据；
4. 掌握营业税的征收范围、税率及纳税依据；
5. 掌握个人转让房地产所得税的计算方法；
6. 掌握土地增值税的速算方法；
7. 了解城镇土地使用税的征收方式。

8.1　房产税

8.1.1　房产税的相关概念

1. 房产税的概念

房产税是以房屋为征税对象，按房屋的计税余值或租金收入为计税依据，向产权所有人征收的一种财产税，是地方财政收入的重要来源之一。

2. 纳税人

凡是中国境内拥有房屋产权的单位和个人都是房产税的纳税人。产权属于全民所有的，以经营管理的单位和个人为纳税人；产权出典的，以承典人为纳税人；产权所有人、承典人均不在房产所在地的，或者产权未确定以及租典纠纷未解决的，以房产代管人或者使用人为纳税人。

3. 征税对象

房产税的征税对象是房产。条例规定，房产税的征收范围为城市、县城、建制镇和工矿区，按年征收。

房地产开发企业建造的商品房，在出售前，不征收房产税；但对出售前房地产开发企业已使用或出租、出借商品房应该规定征收房产税。

8.1.2　房产税的计算

房产税的计税依据是房产的计税价值或房产的租金收入。按照房产税计税价值征税的，称为从价计征；按照房产租金收入计征的，称为从租计征。

1. 从价计征

《房产税暂行条例》规定，房产税依照房产原值减除 10%～30% 后的余值计算缴纳。计征的适用税率为 1.2%。

对房产原值明显不合理的，应重新予以评估；对没有房产原值的，应由房屋所在地的税务机关参考同类房屋的价值核定。

其计算公式为：

应纳税额＝应纳税房产原值×(1－扣除比例)×1.2%

【例 1】某企业的经营用房原值为 5000 万元，按照当地规定允许减除 30% 后余值计税，适用税率为 1.2%。计算其应纳房产税额。

解：全年应纳税额＝5000×(1－30%)×1.2%＝42 (万元)

2. 从租计征

从租计征的房产税，是以房屋出租取得的租金收入为计税依据。房产税采用比例税率，依照房产租金收入计征的，税率为 12%。

从 2008 年 3 月 1 日起，对个人按市场价格出租的居民住房，不区分用途，按 4% 的税率征收房产税，不征收城镇土地使用税。对企业单位、社会团体以及其他组织按市场价格向个人出租用于居住的住房，按 4% 的税率征收房产税。

【例 2】张某自有一处房产，共 12 间，其中用于个人开餐馆的 7 间（房屋原值为 30 万元）。2010 年 1 月 1 日，将其中的 5 间出租给某公司，每月收取租金 1 万元。已知该地区规定按照房产原值一次扣除 30% 后的余值计税，计算张某 2010 年应纳房产税额。

解：自用部分的房产税＝30×(1－30%)×1.2%＝0.252 (万元)

出租部分的房产税＝1×12×12%＝1.44 (万元)

全年应纳税额＝0.252＋1.44＝1.692 (万元)

8.1.3　房产税的相关政策

下列房产免征房产税：

(1) 国家机关、人民团体、军队自用的房产。但是，上述单位的出租房产以及非自身业务使用的生产、经营用房，不属于免税范围；

(2) 由国家财政部门拨付事业经费的单位自用的房产；

(3) 宗教寺庙、公园、名胜古迹自用的房产。宗教寺庙自用的房产，是指举行宗教仪式等的房屋和宗教人员使用的生活用房屋。公园、名胜古迹中附设的营业单位，如影剧院、饮食部、茶社、照相馆等所使用的房产及出租的房产，应征收房产税；

(4) 个人所有非营业用的房产。但个人所有的营业用房或出租等非自用的房产，应征收房产税；

(5) 经财政部批准免税的其他房产。包括：

1) 企业办的各类学校、医院、托儿所、幼儿园自用的房产，可免征房产税；

2) 损坏不堪使用的房屋和危险房屋，经有关部门鉴定后，可免征房产税。

3) 军队空余房产租赁收入暂免征收房产税。

4) 在基建工地为基建工地服务的各种工棚、材料棚、休息棚和办公室、食堂、茶炉房、汽车房等临时性房屋，在施工期间一律免征房产税。但是，工程结束后，施工企业将这种临时性房屋交还或估价转让给基建单位的，应从基建单位接收的次月起，依照规定征税。

5）房产大修停用半年以上的，经纳税人申请，税务机关审核，在大修期间可免征房产税。

6）房地产开发企业开发的商品房在出售前，不征收房产税。但对出售前房地产开发企业已使用或者出租、出借的商品房应按照规定征收房产税。

7）中、小学校及高等学校用于教学及科研等本身业务的房产免征房产税。但学校兴办的校办工厂、校办企业、商店、招待所等的房产应按规定征收房产税。

8）老年服务机构自用的房产免税。

8.2 契税

8.2.1 契税的相关概念

1. 契税的概念

契税是在土地、房屋权属发生转移时，对产权承受人征收的一种税。

2. 纳税人

《中华人民共和国契税暂行条例》规定，在中华人民共和国境内转移土地、房屋权属，承受的单位和个人为契税的纳税人。

3. 征税对象

契税的征税对象是我国境内发生产权转移的土地、房屋。具体包括：

（1）国有土地使用权出让；

（2）土地使用权转让，包括出售、赠与、交换或者其他方式将土地使用权转移给其他单位和个人的行为；

（3）房屋买卖；

（4）房屋赠与；

（5）房屋交换。

8.2.2 契税的计算

1. 税率

契税的税率为3%～5%，各地适用税率，由省、自治区、直辖市人民政府在前面规定的幅度内按照本地区的实际情况确定，并报财政部和国家税务总局备案。

2. 计税依据

契税的计税依据按照土地、房屋交易的不同情况确定：

（1）国有土地使用权出让、土地使用权出售、房屋买卖，其计税依据为成交价格。

（2）土地使用权赠与、房屋赠与，其计税依据由征收机关参照土地使用权出售、房屋买卖的市场价格核定。

（3）土地使用权交换、房屋交换，其计税依据是所交换的土地使用权、房屋的价格差额。

3. 应纳税额

应纳税额的计算公式为：应纳税额＝计税依据×税率

【例3】居民刘某有两套住房，将其中一套出售给居民王某，面积 80m²，成交价格 60 万元；将另一套两室住房与居民李某交换成两处一室住房，并支付给李某换房差价 10 万元。试计算三者应分别缴纳的契税（税率按 3‰ 计算）。

解：刘某应缴纳的契税＝100000×3‰＝3000（元）

王某应缴纳的契税＝600000×3‰＝18000（元）

李某无需缴纳契税。

4. 契税的征收管理

纳税义务发生时间是纳税人签订土地、房屋权属转移合同的当天。纳税人应当自纳税义务发生之日起 10 日内，向土地、房屋所在地的契税征收机关办理纳税申报，并在契税征收机关核定的期限内缴纳税款。

纳税人在办理房地产转让时，要持房地产转让合同及有关资料，到税收征管部门办理纳税申报，即采用"先税后证"的有关规定，契税的纳税环节是在纳税义务发生以后，办理契证或房屋产权证之前。按照《契税暂行条例》，由承受人自转移合同签订之日起 10 日内办理纳税申报手续，并在征收机关核定的期限内缴纳税款。

8.2.3　契税的相关政策

1. 契税的减免

有下列行为之一的，减征、免征契税：

（1）国家机关、事业单位、社会团体、军事单位承受土地、房屋用于办公、教学、医疗、科研和军事设施的，免征；

（2）城镇职工，按规定第一次购买公有住房的，免征；

（3）因不可抗力灭失住房而重新购买住房的，免征；

（4）土地、房屋被县级以上人民政府征用、占用后，重新承受土地、房屋权属的，由省、自治区、直辖市人民政府决定是否减征或者免征；

（5）纳税人承受荒山、荒沟、荒滩、荒丘土地使用权，用于农、林、牧、渔业生产的，免征；

（6）以自有房产作股投入本人经营企业，免纳契税；

（7）依照我国有关法律规定以及我国缔结或参加的双边和多边条约或协定的规定应当予以免税的外国驻华大使馆、领事馆、联合国驻华机构及其外交代表、领事官员和其他外交人员承受土地、房屋权属的，经外交部确认，可以免征。

2. 其他有关规定

（1）对于《中华人民共和国继承法》规定的法定继承人（包括配偶、子女、父母、兄弟姐妹、祖父母、外祖父母）继承土地、房屋权属，不征契税。

（2）非法定继承人根据遗嘱承受死者生前的土地、房屋权属，属于赠与行为，应征收契税。

（3）个人购买普通住宅契税按 3‰ 征收；对个人购买普通住房，且该住房属于家庭唯一住房的，减半征收契税；对个人购买 90m² 及以下普通住宅，且属于家庭唯一用房的，减按 1％征收契税。

（4）夫妻共有房屋属于共同财产，对离婚原共有房屋产权的归属人不征收契税。

（5）个人购买经济适用住房，在法定税率基础上减半征收契税。

8.3 营业税

8.3.1 营业税的相关概念

1. 营业税的概念

营业税是对在我国境内提供应税劳务、转让无形资产或者销售不动产的单位和个人所取得的营业额征收的一种税。

2. 营业税的特点

（1）一般以营业额的全额为计税依据。营业税属于商品劳务税，计税依据为营业额全额，税额的计算不受成本、费用高低的影响，从而有利于保证国家财政收入的稳定增长。

（2）税目、税率按行业设计。营业税实行普遍征收的方式，所以税率的设计一般也较低，但由于各行业的盈利水平不同，实行行业差别比例税率。

（3）计算简便，便于征管。因为营业税按营业额全额征税，又实行的是比例税率，所以，相对于其他税种来说，其计算简便，有利于纳税人计算缴纳和税务机关征收管理。

3. 营业税的纳税人

在中华人民共和国国境内提供本条例规定的劳务（以下简称应税劳务）、转让无形资产或者销售不动产的单位和个人，为营业税的纳税义务人（以下简称纳税人），应当依照本条例缴纳营业税。

8.3.2 营业税的计算

1. 营业税的税目税率

营业税税目税率见表 8-1。

营业税税目税率表 表 8-1

税目	税率
1. 交通运输业	3％
2. 建筑业	3％
3. 金融保险业	5％
4. 邮电通信业	3％
5. 文化体育业	3％
6. 娱乐业	5％～20％
7. 服务业	5％
8. 转让无形资产	5％
9. 销售不动产	5％

房地产企业有偿转让不动产所有权的行为，适用"销售不动产"税目；房地产企业有

偿转让土地使用权的行为，适用"转让无形资产"税目。销售不动产、转让无形资产，税率为 5%。

2. 计税依据

营业税的计税依据是营业额，营业额为纳税人提供应税劳务、转让无形资产或者销售不动产向对方收取的全部价款和价外费用。

下列行为属于房地产业营业税的征税范围：

（1）有偿转让建筑物的有限产权或永久使用权的行为；

（2）单位将不动产无偿赠与他人的行为；

（3）以提供土地使用权的方式，与提供资金的他人（以下简称出资方）共同立项建造不动产，并与出资方按一定方式进行利益分配，取得收入或取得分得的不动产所有权的行为；

（4）以提供资金的方式，与提供土地使用权的他人（以下简称出地方）共同立项建造不动产，并与出地方按一定方式进行利益分配，取得收入或取得、分得不动产所占土地使用权的行为；

（5）投资者在办理不动产建设立项后，又接受他人投资参与不动产建设，并与他人共同分配不动产的行为；

（6）在房地产开发过程中，投资者在工程完工前，将自身全部的权利、义务有偿转让给他人的行为；

（7）接受他人委托代建不动产，但以自己的名义办理工程项目立项，不动产建成后将不动产交给委托方的行为；

（8）房地产开发企业以集资建房名义将不动产所有权转让给出资人的行为；

（9）土地使用者之间相互交换土地使用权的行为；

（10）不动产产权人之间相互交换不动产所有权的行为；

（11）土地使用者和不动产产权人之间相互交换土地使用权和不动产所有权的行为；

（12）因城市建设需要拆迁，而以其他房屋偿还给（或安置）被拆迁单位和个人的行为；

（13）虽尚未接到政府有关部门办理土地使用权转让或不动产过户手续，但实际已将土地使用权或不动产转让给他人，并向对方收取了货币、货物或其他经济利益的行为；

（14）以投资入股名义转让土地使用权或不动产的所有权，但未与接受投资方共同承担投资风险，而收取固定收入或按销售收入一定比例提成的行为；

（15）以不动产所有权或土地使用权投资，取得接受投资方的股权后，又将该项股权转让的行为。

3. 应纳税额

应纳税额＝营业额×税率

【例 4】某房地产公司 2010 年 3 月通过拍卖取得一宗土地使用权，支付土地使用权出让金 2000 万元。2012 年 8 月因资金紧张，将土地使用权转让，转让收入 2800 万元，计算应缴纳的营业税。

解：应纳税额＝（2800－2000）×5%＝40（万元）

8.3.3 营业税的相关政策

1. 个人住房转让的税收优惠

2011 年 1 月 27 日，财政部下发了《关于调整个人住房转让营业税政策的通知》，通知规定：个人将购买不足 5 年的住房对外销售的，全额征收营业税；个人将购买超过 5 年（含 5 年）的非普通住房对外销售的，按照其销售收入减去购买房屋的价款后的差额征收营业税；个人将购买超过 5 年（含 5 年）的普通住房对外销售的，免征营业税。

【例5】王先生于 2007 年 5 月买了一套价值 50 万元的普通住宅，2010 年 8 月以 100 万元的价格出售，请计算王先生需要缴纳的营业税是多少？

解：王先生的房子房龄没有超过 5 年，因此转让时需全额缴纳营业税。同时与营业税并收的还有城市维护建设税和教育费附加（俗称两税一费），税率分别为 7% 和 3%。因此王先生需要承担的税率为 5%＋5%×（7%＋3%）＝5.5%。

应缴纳的营业税额＝100×5.5%＝5.5（万元）

【例6】假设上例中的王先生于 2012 年 8 月以 120 万元的价格转让房产，那么他需要缴纳的营业税又是多少？

解：因为王先生在转让房产时，房子的房龄已经超过了 5 年，因此可以免交营业税，因为城市维护建设税和教育费附加是依附营业税而产生的，既然营业税为 0，那么城市维护建设税和教育费附加也为 0。

2. 其他税收优惠

(1) 个人出租住房，不区分用途，在 3% 税率的基础上减半征收营业税；

(2) 自 2004 年 8 月 1 日起，对军队空余房产租赁收入暂免征收营业税。

(3) 个人无偿赠与不动产、土地使用权，属于下列情形之一的，暂免征收营业税：

1) 离婚财产分割；

2) 无偿赠与配偶、父母、子女、祖父母、外祖父母、孙子女、外孙子女、兄弟姐妹；

3) 无偿赠与对其承担直接抚养或者赡养义务的抚养人或赡养人；

4) 房屋产权所有人死亡，依法取得房屋产权的法定继承人、遗嘱继承人或受遗赠人。

8.4 所得税

8.4.1 所得税的相关概念

1. 所得税的概念

所得税是指以纳税人的所得额为课税对象的各种税收的统称。包括企业所得税和个人所得税。

2. 纳税人

在中华人民共和国境内，企业和其他取得收入的组织（以下统称企业）为企业所得税的纳税人。就房地产开发活动而言，企业所得税的纳税人为房地产开发企业。

个人所得税的纳税义务人，既包括居民纳税义务人，也包非居民纳税义务人。居民纳税义务人负有完全纳税的义务，必须就其来源于中国境内、境外的全部所得缴纳个人所得税；而非居民纳税义务人仅就其来源于中国境内的所得，缴纳个人所得税。

8.4.2 所得税的计算

1. 所得税税率

（1）企业所得税税率

企业所得税的税率为 25%。符合条件的小型微利企业，减按 20% 的税率征收企业所得税。国家需要重点扶持的高新技术企业，减按 15% 的税率征收企业所得税。

（2）个人所得税税率

个人所得税的征税项目包括工资、薪金所得，个体工商户的生产、经营所得，对企业、事业单位的承包经营、承租经营所得，劳务报酬所得，稿酬所得，特许权使用费所得，利息、股息、红利所得，财产租赁所得，财产转让所得，偶然所得，国务院财政部门确定征税的其他所得等。不同的情况适用不同的税率。

对于个人转让房地产适用于财产转让所得，税率为 20%。

2. 计税依据

（1）企业所得税的计税依据

应纳税所得额为企业所得税的计税依据，按照企业所得税法的规定，应纳税所得额为企业每一纳税年度的收入总额，减除不征税收入、免税收入、各项扣除以及允许弥补的以前年度亏损后的余额。

（2）个人转让房地产应纳所得税的计税依据

个人转让房地产应纳税所得额为转让房地产收入额减除房地产原值、转让房地产过程中缴纳的税金和合理费用后的余额。

转让过程中缴纳的税金指，纳税人在转让房地产时实际缴纳的营业税、城市维护建设税、教育费附加、土地增值税、印花税等税金。

合理费用是指纳税人按照规定支付的住房装修费用、住房贷款利息、手续费、公证费等费用。

3. 应纳税额

应纳税额＝应纳税所得额×税率

【例 7】刘先生于 2007 年 10 月份以 100 万元的价格购入一套房产，当时缴纳的契税为 1 万元，装修费 10 万元。2011 年 3 月刘先生以 160 万元的价格将房产出售给赵先生，缴纳了营业税、城市维护建设税、教育费附加、印花税等共计 8.96 万元，办理转让过程中产生手续费、公证费 5000 元，则刘先生需要缴纳的个人所得税为多少？

解：应纳个人所得税额＝（160－100－10－1－8.96－0.5）×20%＝79080（元）

8.4.3 所得税的相关政策

国家税务总局规定，从 2006 年 8 月 1 日开始，居民个人转让房地产时，应缴纳个人所得税。

对个人转让自用达到 5 年以上，并且是唯一家庭生活用住房取得的所得，免征个人所得税。自用 5 年以上，是指个人购房至转让房地产的时间达 5 年以上。家庭唯一用房是指在同一省、自治区、直辖市范围内纳税人（有配偶的为夫妻双方）仅有一套住房。

夫妻离婚分割财产分得的房屋，在办理更名过户时，不征收个人所得税。

无偿赠与对当事人不征收的个人所得税。无偿赠与行为包括：

（1）房屋产权所有人将房屋产权无偿赠与配偶、父母、子女、祖父母、外祖父母、孙子女、外孙子女、兄弟姐妹；

（2）房屋产权所有人将房屋产权无偿赠与对其承担直接抚养或者赡养义务的抚养人或者赡养人；

（3）房屋产权所有人死亡，依法取得房屋产权的法定继承人、遗嘱继承人或者受遗赠人。

8.5 土地增值税

8.5.1 土地增值税的相关概念

1. 土地增值税的概念

土地增值税是对有偿转让国有土地使用权、地上的建筑物及其附着物（以下简称转让房地产）而就其增值部分征收的一种税。

2. 土地增值税的特点

（1）以转让房地产取得的增值额为征税对象。

（2）征税面较广，凡在我国境内转让房地产并取得收入的单位和个人，均应缴纳。

（3）实行超率累进税率，分级计税。

（4）实行按次计税，每发生一次房地产转让行为，就应根据每次取得的增值额征收一次税。

3. 纳税人

转让房地产并取得收入的单位和个人，为土地增值税的纳税义务人。

4. 征税范围

土地增值税的征税范围包括国有土地、地上建筑物及其他附着物，非国有土地和出让国有土地的行为均不征税。另外，土地增值税只对有偿转让的房地产征税，对继承、赠与等无偿转让的房地产，则不予征税。

8.5.2 土地增值税的计算

1. 税率

土地增值税实行四级超率累进税率。

（1）增值额未超过扣除项目金额 50% 的部分，税率为 30%；

（2）超过 50% 未超过 100% 的部分，税率为 40%；

（3）超过 100% 未超过 200% 部分，税率为 50%；

（4）超过 200% 的部分，税率为 60%。

2. 土地增值税的计税依据

土地增值税的计税依据为转让房地产所取得的增值额。

增值额＝转让房地产收入－扣除项目金额

扣除项目金额包括以下几部分：

（1）取得土地使用权所支付的金额

是指纳税人为取得土地使用权所支付的地价款和按国家统一规定交纳的有关费用。

（2）开发土地和新建房及配套设施的成本

是指纳税人房地产开发项目实际发生的成本，包括土地征用及拆迁补偿费、前期工程费、建筑安装工程费、基础设施费、公共配套设施费、开发间接费用

（3）开发土地和新建房及配套设施的费用

是指与房地产开发项目有关的销售费用、管理费用、财务费用。财务费用中的利息支出，凡能够按转让房地产项目计算分摊并提供金融机构证明的，允许据实扣除，但最高不能超过按商业银行同类同期贷款利率计算的金额。其他房地产开发费用，在按（1）、（2）项计算的金额之和的 5％以内计算扣除。凡不能按转让房地产项目计算分摊利息支出或不能提供金融机构证明的，房地产开发费用在按（1）、（2）项规定计算的金额之和的 10％以内计算扣除。

（4）旧房及建筑物的评估价格

是指在转让已使用的房屋及建筑物时，由政府批准设立的房地产评估机构评定的重置成本价乘以成新度折扣率后的价格。评估价格须经当地税务机关确认。

（5）与转让房地产有关的税金，是指在转让房地产时缴纳的营业税、城市维护建设税、印花税。因转让房地产交纳的教育费附加，也可视同税金予以扣除。

（6）财政部规定的其他项目，指按规定对从事房地产开发的纳税人可按（1）、（2）项费用计算的金额之和，加计 20％扣除。

3. 土地增值税的速算扣除法

计算土地增值税税额，可按增值额乘以适用的税率减去扣除项目金额乘以速算扣除系数的简便方法计算，具体公式如下：

（1）增值额未超过扣除项目金额 50％的

土地增值税税额＝增值额×30％

（2）增值额超过扣除项目金额 50％，未超过 100％的

土地增值税税额＝增值额×40％－扣除项目金额×5％

（3）增值额超过扣除项目金额 100％，未超过 200％的

土地增值税税额＝增值额×50％－扣除项目金额×15％

（4）增值额超过扣除项目金额 200％的

土地增值税税额＝增值额×60％－扣除项目金额×35％

公式中的 5％、15％、35％为速算扣除系数。土地增值税率表，见表 8-2。

土地增值税率表 表 8-2

级数	计税依据	适用税率	速算扣除率
1	增值额未超过扣除项目金额 50％的部分	30％	0
2	增值额超过扣除项目金额 50％、未超过扣除项目金额 100％的部分	40％	5％
3	增值额超过扣除项目金额 100％、未超过扣除项目金额 200％的部分	50％	15％
4	增值额超过扣除项目金额 200％的部分	60％	35％

房地产开发工期较长,土地增值税的计算又比较繁琐,为了简化结算,地方税务局采取按期预缴、汇算清缴的办法。也就是按当期取得的售房收入,依照预征率计算征收,项目完工后清算,多退少补。

【例8】某纳税人转让房地产所取得的收入为400万元,其允许扣除项目的金额为100万元,请计算其应缴纳的土地增值税税额。

解法一:增值额=400-100=300(万元)

增值额与扣除金额之比为300÷100=300%,增值额超过扣除金额的200%,分别适用于30%、40%、50%和60%四档税率。各档增值额的计算见表8-3。

增值额的计算 表8-3

级数	计税依据	增值额(万元)	税率
1	增值额未超过扣除项目金额50%的部分	100×50%=50	30%
2	增值额超过扣除项目金额50%、未超过扣除项目金额100%的部分	100×(100%-50%)=50	40%
3	增值额超过扣除项目金额100%、未超过扣除项目金额200%的部分	100×(200%-100%)=100	50%
4	增值额超过扣除项目金额200%的部分	300-(100×200%)=100	60%

应缴纳的土地增值税=50×30%+50×40%+100×50%+100×60%=145(万元)

解法二:增值额=400-100=300(万元)

增值额与扣除金额之比为300÷100=300%,增值额超过扣除金额的200%,适用的速算公式为:

土地增值税税额=增值额×60%-扣除项目金额×35%

应缴纳的土地增值税=300×60%-100×35%=145(万元)

可见,两种方法计算所得的结果是一样的。

8.5.3 土地增值税的相关政策

1. 自2008年11月1日起,对个人销售住房暂免征土地增值税。

2. 因国家建设需要依法征用、收回的房地产免征土地增值税。因城市规划、国家建设的需要而搬迁,由纳税人自行转让原房地产的,比照上述规定免征土地增值税。但须向房地产所在地税务机关提出免税申请。

3. 对于以房地产进行投资、联营的一方以土地(房地产)作价入股进行投资或作为联营条件,将房地产转让到所投资、联营的企业中时,暂免征土地增值税。

4. 对于一方出地,一方出资金,双方合作建房,建成后按比例分房自用的,暂免征土地增值税;建成后转让的,应征收土地增值税。

5. 在企业兼并中,对被兼并企业将房地产转让到兼并企业中的,暂免征土地增值税。

6. 企事业单位、社会团体以及其他组织转让旧房作为改造安置住房房源且增值额未超过扣除金额20%的,免征土地增值税。

7. 对政府为受灾居民组织建设的安居房,转让时免征土地增值税。

8.6　城镇土地使用税

8.6.1　城镇土地使用税的相关概念

1. 城镇土地使用税的概念

城镇土地使用税（以下简称土地使用税）是以城镇土地为课税对象，向拥有土地使用权的单位和个人征收的一种税。

2. 城镇土地使用税的特点

（1）城镇土地使用税实质上是对占用或者使用土地行为的课税，属于准财产税，而非严格意义上的财产税。

（2）征收对象是国有土地，农村土地属集体所有，故未纳入征税范围。

（3）征收范围广泛，凡在我国境内使用土地的单位和个人均应纳税，包括外商投资企业、外国企业和外籍人员等。

（4）实行差别幅度税额，对不同城镇使用不同税额，对同一城镇的不同地段，也确定不等的税额水平。

3. 纳税人

城镇土地使用税的纳税人是拥有土地使用权的单位和个人。拥有土地使用权的纳税人不在土地所在地的，由代管人或实际使用人缴纳；土地使用权未确定或权属纠纷未解决的，由实际使用人纳税；土地使用权共有的，由共有各方划分使用比例分别纳税。

4. 课税对象

城镇土地使用税在城市、县城、建制镇和工矿区征收。课税对象是上述范围内的土地。城镇土地使用税按年计算，分期缴纳。

8.6.2　城镇土地使用税的计算

城镇土地使用税的计税依据是纳税人实际占用的土地面积。

城镇土地使用税是采用分类分级的幅度定额税率。每平方米的年幅度税额按城市大小分 4 个档次：

（1）大城市 0.5～10 元；

（2）中等城市 0.4～8 元；

（3）小城市 0.3～6 元；

（4）县城、建制镇、工矿区 0.2～4 元。

考虑到一些地区经济较为落后，需要适当降低税额以及一些经济发达地区需适当提高税额的情况，但降低额不得超过最低税额的 30%；经济发达地区可以适当提高适用税额标准，但必须报经财政部批准。

8.6.3　城镇土地使用税的相关政策

1. 政策性免税

对下列土地免征城镇土地使用税：

（1）国家机关、人民团体、军队自用的土地；

（2）由国家财政部门拨付事业经费的单位自用的土地；

（3）宗教寺庙、公园、名胜古迹自用的土地；

（4）市政街道、广场、绿化地带等公共用地；

（5）直接用于农、林、牧、渔业的生产用地；

（6）经批准开山填海整治的土地和改造的废弃土地，从使用的月份起免缴土地使用税5~10年；

（7）由财政部另行规定的能源、交通、水利等设施用地和其他用地。

2. 由地方确定的免税

下列几项用地是否免税，由省、自治区、直辖市税务机关确定：

（1）个人所有的居住房屋及院落用地；

（2）房产管理部门在房租调整改革前经租的居民住房用地；

（3）免税单位职工家属的宿舍用地；

（4）民政部门举办的安置残疾人占一定比例的福利工厂用地；

（5）集体和个人举办的学校、医院、托儿所、幼儿园用地。

3. 困难性及临时性减免税

纳税人缴纳土地使用税确有困难需要定期减免的，由省、自治区、直辖市税务机关审批，但年减免税额达到或超过10万元的，要报经财政部、国家税务总局批准。

【思考题】

1. 什么是营业税？请梳理我国关于个人转让房地产缴纳营业税的变化历程。

2. 某房地产开发商以300万元购得某块土地，开发成本及各项费用为400万元，建成后转让，取得收入为1600万元，问应缴纳的土地增值税为多少？

3. 什么是房产税？如何计算？

4. 什么是契税？关于契税的征收有哪些优惠政策？

5. 我国对个人转让房地产征收个人所得税有哪些规定？

【实训题】

房产税来了，楼市能"长治久安"吗？

近期，房产税成为新"国十条"出台后民众和媒体讨论的热点，征收房产税到底是不是楼市最后的救命稻草？房产税到底能不能解决中国楼市的诸多问题？请查找相关资料，谈一谈你对房产税的想法。

附　录

商品房买卖合同

商品房买卖合同说明

1. 本合同文本为示范文本，也可作为签约使用文本。签约之前，买受人应当仔细阅读本合同内容，对合同条款及专业用词理解不一致的，可向当地房地产开发主管部门咨询。

2. 本合同所称商品房是指由房地产开发企业开发建设并出售的房屋。

3. 为体现合同双方的自愿原则，本合同文本中相关条款后都有空白行，供双方自行约定或补充约定。双方当事人可以对文本条款的内容进行修改、增补或删减。合同签订生效后，未被修改的文本印刷文字视为双方同意内容。

4. 本合同文本中涉及的选择、填写内容以手写项为优先。

5. 对合同文本【　】中选择内容、空格部位填写及其他需要删除或添加的内容，双方应当协商确定。【　】中选择内容，以打√方式选定；对于实际情况未发生或买卖双方不作约定时，应在空格部位打×，以示删除。

6. 在签订合同前，出卖人应当向买受人出示应当由出卖人提供的有关证书、证明文件。

7. 本合同条款由中华人民共和国建设部和国家工商行政管理局负责解释。

商品房买卖合同（合同编号：　　　）

合同双方当事人：

出卖人：_____

注册地址：_____

营业执照注册号：_____

企业资质证书号：_____

法定代表人：_____

联系电话：_____邮政编码：_____

委托代理人：_____

地址：_____

邮政编码：_____联系电话：_____

委托代理机构：_____

注册地址：_____

营业执照注册号：_____

法定代表人：_____

联系电话：_____邮政编码：_____

买受人：_____

【本人】【法定代表人】姓名：_____国籍_____

【身份证】【护照】【营业执照注册号】【　】_____

_____

地址：_____

_____

邮政编码：_____联系电话：_____

【委托代理人】【　】姓名：_____国籍：_____

地址：_____

_____

邮政编码：_____电话：_____

根据《中华人民共和国合同法》、《中华人民共和国城市房地产管理法》及其他有关法律、法规之规定，买受人和出卖人在平等、自愿、协商一致的基础上就买卖商品房达成如下协议：

第一条　项目建设依据

出卖人以_____方式取得位于_____、编号为_____的地块的土地使用权。【土地使用权出让合同号】【土地使用权划拨批准文件号】【划拨土地使用权转让批准文件号】为_____。

该地块土地面积为_____，规划用途为_____，土地使用年限自_____年____月____日至____年____月____日。

出卖人经批准，在上述地块上建设商品房，【现定名】【暂定名】_____。建设工程规划许可证号为_____，施工许可证号为_____。

第二条　商品房销售依据

买受人购买的商品房为【现房】【预售商品房】。预售商品房批准机关为_____，商品房预售许可证号为_____。

第三条　买受人所购商品房的基本情况

买受人购买的商品房（以下简称该商品房，其房屋平面图见本合同附件一，房号以附件一上表示为准）为本合同第一条规定的项目中的：

第_____【幢】【座】_____【单元】【层】_____号房。

该商品房的用途为_____，属_____结构，层高为_____，建筑层数地上_____层，地下_____层。

该商品房阳台是【封闭式】【非封闭式】。

该商品房【合同约定】【产权登记】建筑面积共_____平方米，其中，套内建筑面积_____平方米，公共部位与公用房屋分摊建筑面积_____平方米（有关公共部位与公用房屋分摊建筑面积构成说明见附件二）。

第四条　计价方式与价款

出卖人与买受人约定按下述第_____种方式计算该商品房价款：

1. 按建筑面积计算，该商品房单价为（_____币）每平方米_____元，总金额（_____币）_____千_____百_____拾_____万_____千_____百_____拾_____元整。

2. 按套内建筑面积计算，该商品房单价为（_____币）每平方米_____元，

总金额（_____币）_____千_____百_____拾_____万_____千_____百_____拾_____元整。

3. 按套（单元）计算，该商品房总价款为（_____币）_____千_____百_____拾_____万_____千_____百_____拾_____元整。

4. _____。

第五条　面积确认及面积差异处理

根据当事人选择的计价方式，本条规定以【建筑面积】【套内建筑面积】（本条款中均简称面积）为依据进行面积确认及面积差异处理。

当事人选择按套计价的，不适用本条约定。

合同约定面积与产权登记面积有差异的，以产权登记面积为准。

商品房交付后，产权登记面积与合同约定面积发生差异，双方同意按第_____种方式进行处理：

1. 双方自行约定：

（1）_____；

（2）_____；

（3）_____；

（4）_____。

2. 双方同意按以下原则处理：

（1）面积误差比绝对值在3％以内（含3％）的，据实结算房价款；

（2）面积误差比绝对值超出3％时，买受人有权退房。

买受人退房的，出卖人在买受人提出退房之日起30天内将买受人已付款退还给买受人，并按_____利率付给利息。

买受人不退房的，产权登记面积大于合同约定面积时，面积误差比在3％以内（含3％）部分的房价款由买受人补足；超出3％部分的房价款由出卖人承担，产权归买受人。产权登记面积小于合同登记面积时，面积误差比绝对值在3％以内（含3％）部分的房价款由出卖人返还买受人；绝对值超出3％部分的房价款由出卖人双倍返还买受人。

产权登记面积－合同约定面积

面积误差比＝————————————————×100％

合同约定面积

因设计变更造成面积差异，双方不解除合同的，应当签署补充协议。

第六条　付款方式及期限

买受人按下列第————————————种方式按期付款：

1. 一次性付款————————————————————————

————————————————————————————————。

2. 分期付款——————————————————————————

————————————————————————————————。

3. 其他方式——————————————————————————

————————————————————————————————。

第七条　买受人逾期付款的违约责任

买受人如未按本合同规定的时间付款，按下列第————————————种方式处理：

1. 按逾期时间，分别处理（不作累加）

（1）逾期在————————日之内，自本合同规定的应付款期限之第二天起至实际全额支付应付款之日止，买受人按日向出卖人支付逾期应付款万分之————————的违约金，合同继续履行；

（2）逾期超过————————日后，出卖人有权解除合同。出卖人解除合同的，买受人按累计应付款的————————％向出卖人支付违约金。买受人愿意继续履行合同的，经出卖人同意，合同继续履行，自本合同规定的应付款期限之第二天起至实际全额支付应付款之日止，买受人按日向出卖人支付逾期应付款万分之————————（该比率应不小于第（1）项中的比率）的违约金。

本条中的逾期应付款指依照本合同第六条规定的到期应付款与该期实际已付款的差额；采取分期付款的，按相应的分期应付款与该期的实际已付款的差额确定。

2. ————————————————————————————————

————————————————————————————————。

第八条　交付期限

出卖人应当在————————年————————月————————日前，依照国家和地方人民政府的有关规定，将具备下列第————————种条件，并符合本合同约定的商品房交付买受人使用：

1. 该商品房经验收合格。

2. 该商品房经综合验收合格。

3. 该商品房经分期综合验收合格。

4. 该商品房取得商品住宅交付使用批准文件。

5. ————————————————————————————————

————————————————————————————————。

但如遇下列特殊原因，除双方协商同意解除合同或变更合同外，出卖人可据实予以延期：

1. 遭遇不可抗力，且出卖人在发生之日起_____日内告知买受人的；

2. _____
_____；

3. _____
_____。

第九条　出卖人逾期交房的违约责任

除本合同第八条规定的特殊情况外，出卖人如未按本合同规定的期限将该商品房交付买受人使用，按下列第_____种方式处理：

1. 按逾期时间，分别处理（不作累加）

（1）逾期不超过_____日，自本合同第八条规定的最后交付期限的第二天起至实际交付之日止，出卖人按日向买受人支付已交付房价款万分之_____的违约金，合同继续履行；

（2）逾期超过_____日后，买受人有权解除合同。买受人解除合同的，出卖人应当自买受人解除合同通知到达之日起_____天内退还全部已付款，并按买受人累计已付款的_____％向买受人支付违约金。买受人要求继续履行合同的，合同继续履行，自本合同第八条规定的最后交付期限的第二天起至实际交付之日止，出卖人按日向买受人支付已交付房价款万分之_____（该比率应不小于第（1）项中的比率）的违约金。

2. _____
_____。

第十条　规划、设计变更的约定

经规划部门批准的规划变更、设计单位同意的设计变更导致下列影响到买受人所购商品房质量或使用功能的，出卖人应当在有关部门批准同意之日起 10 日内，书面通知买受人：

（1）该商品房结构形式、户型、空间尺寸、朝向；

（2）_____；

（3）_____；

（4）_____；

（5）_____；

（6）_____；

（7）_____。

买受人有权在通知到达之日起 15 日内做出是否退房的书面答复。买受人在通知到达之日起 15 日内未作书面答复的，视同接受变更。出卖人未在规定时限内通知买受人的，买受人有权退房。

买受人退房的，出卖人须在买受人提出退房要求之日起_____天内将买受人已付款退还给买受人，并按_____利率付给利息。买受人不退房的，应当与出卖人另行签订补充协议。_____。

第十一条　交接

商品房达到交付使用条件后，出卖人应当书面通知买受人办理交付手续。双方进行验收交接时，出卖人应当出示本合同第八条规定的证明文件，并签署房屋交接单。所购商品房为住宅的，出卖人还需提供《住宅质量保证书》和《住宅使用说明书》。出卖人不出示证明文件或出示证明文件不齐全，买受人有权拒绝交接，由此产生的延期交房责任由出卖人承担。

由于买受人原因，未能按期交付的，双方同意按以下方式处理：_____
_____。

第十二条　出卖人保证销售的商品房没有产权纠纷和债权债务纠纷因出卖人原因，造成该商品房不能办理产权登记或发生债权债务纠纷的，由出卖人承担全部责任。_____
_____。

第十三条　出卖人关于装饰、设备标准承诺的违约责任

出卖人交付使用的商品房的装饰、设备标准应符合双方约定（附件三）的标准。达不到约定标准的，买受人有权要求出卖人按照下述第_____种方式处理：

1. 出卖人赔偿双倍的装饰、设备差价。

2. _____
_____。

3. _____
_____。

第十四条　出卖人关于基础设施、公共配套建筑正常运行的承诺

出卖人承诺与该商品房正常使用直接关联的下列基础设施、公共配套建筑按以下日期达到使用条件：

1. _____
_____；

2. _____
_____；

3. _____
_____；

4. _____
_____；

5. _____
_____。

如果在规定日期内未达到使用条件，双方同意按以下方式处理：

1. _____
_____；

2. _____

_____；

    3. _____

_____。

第十五条 关于产权登记的约定

出卖人应当在商品房交付使用后_____日内，将办理权属登记需由出卖人提供的资料报产权登记机关备案。如因出卖人的责任，买受人不能在规定期限内取得房地产权属证书的，双方同意按下列第_____项处理：

    1. 买受人退房，出卖人在买受人提出退房要求之日起_____日内将买受人已付房价款退还给买受人，并按已付房价款的_____%赔偿买受人损失。

    2. 买受人不退房，出卖人按已付房价款的_____%向买受人支付违约金。

    3. _____

_____。

第十六条 保修责任

买受人购买的商品房为商品住宅的，《住宅质量保证书》作为本合同的附件。出卖人自商品住宅交付使用之日起，按照《住宅质量保证书》承诺的内容承担相应的保修责任。

买受人购买的商品房为非商品住宅的，双方应当以合同附件的形式详细约定保修范围、保修期限和保修责任等内容。

在商品房保修范围和保修期限内发生质量问题，出卖人应当履行保修义务。因不可抗力或者非出卖人原因造成的损坏，出卖人不承担责任，但可协助维修，维修费用由购买人承担。_____

_____。

第十七条 双方可以就下列事项约定：

    1. 该商品房所在楼宇的屋面使用权_____；

    2. 该商品房所在楼宇的外墙面使用权_____；

    3. 该商品房所在楼宇的命名权_____；

    4. 该商品房所在小区的命名权_____；

    5. _____

_____；

    6. _____

_____。

第十八条 买受人的房屋仅作_____使用，买受人使用期间不得擅自改变该商品房的建筑主体结构、承重结构和用途。除本合同及其附件另有规定者外，买受人在使用期间有权与其他权利人共同享用与该商品房有关联的公共部位和设施，并按占地和公共部位与公用房屋分摊面积承担义务。

出卖人不得擅自改变与该商品房有关联的公共部位和设施的使用性质。_____

_____。

第十九条 本合同在履行过程中发生的争议，由双方当事人协商解决；协商不成的，按下述第_____种方式解决：

1. 提交_____仲裁委员会仲裁。

2. 依法向人民法院起诉。

第二十条 本合同未尽事项，可由双方约定后签订补充协议（附件四）。

第二十一条 合同附件与本合同具有同等法律效力。本合同及其附件内，空格部分填写的文字与印刷文字具有同等效力。

第二十二条 本合同连同附件共_____页，一式_____份，具有同等法律效力，合同持有情况如下：

出卖人_____份，买受人_____份，_____份，_____份。

第二十三条 本合同自双方签订之日起生效。

第二十四条 商品房预售的，自本合同生效之日起 30 天内，由出卖人向_____申请登记备案。

出卖人（签章）：买受人（签章）：

【法定代表人】：【法定代表人】：

【委托代理人】：【委托代理人】：

（签章）（签章）

_____年_____月_____日

_____年_____月_____日

签于　　　　　　　　签于

（商品房买卖合同内容由建设部提供）

附件一：房屋平面图

附件二：公共部位与公用房屋分摊建筑面积构成说明

附件三：装饰、设备标准

1. 外墙：

2. 内墙：

3. 顶棚：

4. 地面：

5. 门窗：

6. 厨房：

7. 卫生间：

8. 阳台：

9. 电梯：

10. 其他：

附件四：合同补充协议

二手房买卖合同

本合同双方当事人：

卖方（以下简称甲方）：_____

【本人】【法定代表人】姓名：_____ 国籍：_____

【身份证】【护照】【营业执照号码】：_____

地址：_____

邮政编码：_____ 联系电话：_____

委托代理人：_____ 国籍：_____

电话：_____ 地址：_____ 邮政编码：_____

买方（以下简称乙方）：_____

【本人】【法定代表人】姓名：_____ 国籍：_____

【身份证】【护照】【营业执照号码】：_____

地址：_____ 邮政编码：_____ 联系电话：_____

委托代理人：_____ 国籍：_____

电话：_____ 地址：_____ 邮政编码：_____

第一条　房屋的基本情况

甲方房屋（以下简称该房屋）坐落于_____；位于第_____层，共_____（套）（间），房屋结构为_____，建筑面积_____平方米（其中实际建筑面积_____平方米，公共部位与公用房屋分摊建筑面积_____平方米），房屋用途为_____；该房屋平面图见本合同附件一，该房屋内部附着设施见附件二；（房屋所有权证号、土地使用权证号）（房地产权证号）为_____。

第二条　房屋面积的特殊约定

本合同第一条所约定的面积为（甲方暂测）（原产权证上标明）（房地产产权登记机关实际测定）面积。如暂测面积或原产权证上标明的面积（以下简称暂测面积）与房地产产权登记机关实际测定的面积有差异的，以房地产产权登记机关实际测定面积（以下简称实际面积）为准。

该房屋交付时，房屋实际面积与暂测面积的差别不超过暂测面积的±_____%（不包括±_____%）时，房价款保持不变。

实际面积与暂测面积差别超过暂测面积的±_____%（包括±_____%）时，甲乙双方同意按下述第_____种方式处理：

1. 乙方有权提出退房，甲方须在乙方提出退房要求之日起_____天内将乙方已付款退还给乙方，并按_____利率付给利息。

2. 每平方米价格保持不变，房价款总金额按实际面积调整。

3. _____。

第三条　土地使用权性质

该房屋相应的土地使用权取得方式为_____；土地使用权年限自_____年_____月_____日至_____年_____月_____日止。以划拨方式取得土地使用权的房地产转让批准文件号为＿＿＿＿＿＿＿＿＿＿；该房屋买卖后，按照有关规定，乙方（必须）（无须）补办土地使用权出让手续。

第四条　价格

按（总建筑面积）（实际建筑面积）计算，该房屋售价为（币）每平方米＿＿＿＿＿＿元，总金额为（币）＿＿＿＿＿＿亿＿＿＿＿＿＿千＿＿＿＿＿＿百＿＿＿＿＿＿拾＿＿＿＿＿＿万＿＿＿＿＿＿千＿＿＿＿＿＿百＿＿＿＿＿＿拾＿＿＿＿＿＿元整。

第五条　付款方式

乙方应于本合同生效之日向甲方支付定金（币）＿＿＿＿＿＿亿＿＿＿＿＿＿千＿＿＿＿＿＿百＿＿＿＿＿＿拾＿＿＿＿＿＿万＿＿＿＿＿＿千＿＿＿＿＿＿百＿＿＿＿＿＿拾＿＿＿＿＿＿元整，并应于本合同生效之日起＿＿＿＿＿＿日内将该房屋全部价款付给甲方。具体付款方式可由双方另行约定。

第六条　交付期限

甲方应于本合同生效之日起三十日内，将该房屋的产权证书交给乙方，并应收到该房屋全部价款之日起＿＿＿＿＿＿日内，将该房屋付给乙方。

第七条　乙方逾期付款的违约责任

乙方如未按本合同第四条规定的时间付款，甲方对乙方的逾期应付款有权追究违约利息。自本合同规定的应付款限期之第二天起至实际付款之日止，月利息按＿＿＿＿＿＿计算。逾期超过＿＿＿＿＿＿天后，即视为乙方不履行本合同。届时，甲方有权按下述第＿＿＿＿＿＿种约定，追究乙方的违约责任。

1. 终止合同，乙方按累计应付款的＿＿＿＿＿＿％向甲方支付违约金。甲方实际经济损失超过乙方支付的违约金时，实际经济损失与违约金的差额部分由乙方据实赔偿。

2. 乙方按累计应付款的＿＿＿＿＿＿％向甲方支付违约金，合同继续履行。

3. ＿＿＿＿＿＿＿＿＿＿＿＿＿＿＿＿＿＿＿＿＿＿＿＿＿＿＿＿＿＿＿。

第八条　甲方逾期交付房屋的违约责任

除人力不可抗拒的自然灾害等特殊情况外，甲方如未按本合同第五条规定的期限将该房屋交给乙方使用，乙方有权按已交付的房价款向甲方追究违约利息。按本合同第十一条规定的最后交付期限的第二天起至实际交付之日止，月利息在＿＿＿＿＿＿个月内按＿＿＿＿＿＿利率计算；自第＿＿＿＿＿＿个月起，月利息则按＿＿＿＿＿＿利率计算。逾期超过＿＿＿＿＿＿个月，则视为甲方不履行本合同，乙方有权按下列第＿＿＿＿＿＿种约定，追究甲方的违约责任。

1. 终止合同，甲方按乙方累计已付款的＿＿＿＿＿＿％向乙方支付违约金。乙方实际经济损失超过甲方支付的违约金时，实际经济损失与违约金的差额部分由甲方据实赔偿。

2. 甲方按乙方累计已付款的＿＿＿＿＿＿％向乙方支付违约金，合同继续履行。

3. ＿＿＿＿＿＿＿＿＿＿＿＿＿＿＿＿＿＿＿＿＿＿＿＿＿＿＿＿＿＿＿。

第九条　关于产权登记的约定

在乙方实际接收该房屋之日起，甲方协助乙方在房地产产权登记机关规定的期限内向房地产产权登记机关办理权属登记手续。如因甲方的过失造成乙方不能在双方实际交接之日起＿＿＿＿＿＿天内取得房地产权属证书，乙方有权提出退房，甲方须在乙方提出退房要求之日起＿＿＿＿＿＿天内将乙方已付款退还给乙方，并按已付款的＿＿＿＿＿＿％赔偿乙方损失。

　　第十条　甲方保证在交易时该房屋没有产权纠纷，有关按揭、抵押债务、税项及租金等，甲方均在交易前办妥。交易后如有上述未清事项，由甲方承担全部责任。

　　第十一条　因本房屋所有权转移所发生的土地增值税由甲方向国家交纳，契税由乙方向国家交纳；其他房屋交易所发生的税费除另有约定的外，均按政府的规定由甲乙双方分别交纳。

　　第十二条　本合同未尽事项，由甲、乙双方另行议定，并签订补充协议。

　　第十三条　本合同之附件均为本合同不可分割之一部分。本合同及其附件内，空格部分填写的文字与印刷文字具有同等效力。

　　本合同及其附件和补充协议中未规定的事项，均遵照中华人民共和国有关法律、法规和政策执行。

　　第十四条　甲、乙一方或双方为境外组织或个人的，本合同应经该房屋所在地公证机关公证。

　　第十五条　本合同在履行中发生争议，由甲、乙双方协商解决。协商不成时，甲、乙双方同意由＿＿＿＿＿＿＿＿仲裁委员会仲裁。（甲、乙双方不在本合同中约定仲裁机构，事后又没有达成书面仲裁协议的，可向人民法院起诉。）

　　第十六条　本合同（经甲、乙双方签字）（经＿＿＿＿＿＿＿＿公证（指涉外房屋买卖））之日起生效。

　　第十七条　本合同连同附表共＿＿＿＿＿＿＿＿页，一式＿＿＿＿＿＿＿＿份，甲、乙双方各执一份，＿＿＿＿＿＿＿＿各执一份，均具有同等效力。

　　甲方（签章）：　　　　　　　　　　乙方（签章）：

　　甲方代理人（签章）：　　　　　　　乙方代理人（签章）：

　　＿＿＿＿＿年＿＿＿＿＿月＿＿＿＿＿日　　　＿＿＿＿＿年＿＿＿月＿＿＿＿＿日

　　签于＿＿＿＿＿＿＿＿　　　　　　　　签于＿＿＿＿＿＿＿＿

房屋租赁合同

出租方：_____，以下简称甲方。

承租方：_____，以下简称乙方。

根据《中华人民共和国合同法》及有关规定，为明确甲、乙双方的权利义务关系，经双方协商一致，签订本合同。

第一条　甲方将坐落在_____的房屋，建筑面积_____平方米、使用面积_____平方米，出租给乙方使用。装修及设备情况：_____。

第二条　租赁期限

租赁期共_____个月，甲方从_____年_____月_____日起将此房屋交付乙方使用，至_____年_____月_____日止。

乙方如利用承租房屋进行非法活动，损害公共利益的。甲方可以终止合同，收回房屋。

合同期满后，如甲方仍继续出租房屋，乙方在同等条件下拥有优先承租权。

租赁合同因期满而终止时，如乙方确实无法找到新的房屋，可与甲方协商酌情延长租赁期限。

第三条　租金、交纳期限和交纳方式

甲乙双方议定年租金_____元，计人民币（大写）_____，交纳方式为_____付，由乙方在_____年_____月_____日交纳给甲方。先付后用。以后支付应在付款期末前_____天支付。

第四条　租赁期间的房屋修缮

甲方对出租房屋及其设备应定期检查，及时修缮，做到不漏、不淹、三通（户内上水、下水、照明电）和门窗好，以保障乙方安全正常使用。乙方应当积极配合。

第五条　租赁双方的变更

1. 如甲方按法定手续程序将房产所有权转移给第三方时，在无约定的情况下，本合同对新的房产所有者继续有效；

2. 乙方需要与第三人互换用房时，应事先征得甲方同意，甲方应当支持乙方的合理要求。

第六条　乙方必须遵守当地暂住区域内的各项规章制度。按时交纳水、电气、收视、电话、卫生及物管等费用。乙方的民事纠纷均自行负责。水、电、气底数各是：水_____吨，电_____度，气_____方。

第七条　甲方收乙方押金_____元，乙方退房时，结清水、电、气费，交还钥匙后，由甲方退还乙方押金_____元。

第八条　违约责任

租赁双方如一方未履行本合同约定的条款，违约方须赔偿给对方违约金_____元，大写_____。

第九条　免责条款

1. 房屋如因不可抗拒的原因导致损毁或造成乙方损失的，甲乙双方互不承担责任。

2. 因市政建设需要拆除或改造已租赁的房屋，使甲乙双方造成损失，互不承担责任。因上述原因而终止合同的，租金按实际使用时间计算，多退少补。

第十条　争议解决的方式

本合同在履行中如发生争议，双方应协商解决；协商不成时，任何一方均可向房屋租赁管理机关申请调解，调解无效时，可向经济合同仲裁委员会申请仲裁，也可向人民法院起诉。

第十一条　其他约定事宜

1. ＿＿。

2. ＿＿。

第十二条　本合同未尽事宜，甲乙双方可共同协商。

本合同一式 2 份，甲乙方各执 1 份。从签字之日起生效，到期自动作废。

甲方（签字盖章）：　　　　　乙方（签字盖章）：

身份证号码：　　　　　　　　身份证号码：

联系电话：　　　　　　　　　联系电话：

住址：　　　　　　　　　　　住址：

　　年　　月　　日　　　　　　年　　月　　日

参 考 文 献

[1] 刘亚臣. 房地产经营管理（第六版）. 大连：大连理工大学出版社，2012
[2] 张沈生. 房地产市场营销（第二版）. 大连：大连理工大学出版社，2012
[3] 刘宁. 房地产投资分析. 大连：大连理工大学出版社，2009
[4] 刘亚臣. 房地产经济学. 大连：大连理工大学出版社，2009
[5] 齐宝库. 工程项目管理. 大连：大连理工大学出版社，2012
[6] 吕萍. 房地产开发与经营. 大连：中国人民大学出版社，2011
[7] 中国房地产估价师与房地产经纪人学会，全国房地产估价师执业资格考试用书——房地产开发经营
     与管理. 北京：中国建筑工业出版社，2011
[8] 谭术魁. 房地产项目管理. 北京：机械工业出版社，2009
[9] 刘玉章. 房地产企业财税操作技巧. 北京：机械工业出版社，2011
[10] 陈林杰. 房地产开发与经营实务. 北京：机械工业出版社，2011
[11] 余源鹏. 房地产开发企业工程管理实务. 北京：机械工业出版社，2012
[12] 谢文蕙. 城市经济学. 北京：清华大学出版社，2008
[13] 张东祥. 房地产市场分析理论与实务. 北京：中国经济出版社，2009
[14] Donald J. Trump, Meredith Mciver, Trump Think Like a Billionaire Everything You Need to Know
     About Success Real Estate and Life. Random House, 2005